你的深情
是因為你很好
不是他很好

사랑한다고 상처를 허락하지 말 것:
나를 잃지 않고 관계를 단단하게 지켜 나가기 위해

金月 김달——著
馮燕珠——譯

想到你，整個宇宙都動起來了。
是愛，也是傷害。

從現在起，
不要再允許因為愛而帶來的傷害。

雖然愛你，
但我更應該愛的人是自己。

或許無法永遠幸福，
但我決定在人生中留下更多幸福的瞬間。

Contents

第二章

給依然被他擺布的你

——要記得，你是個有足夠魅力的人

第三章
那個人為什麼要這麼做
——守護自己、不再受傷的關係法則

第四章
如果享受孤獨卻又害怕分手
——離別與相逢，與分歧的心說再見的方法

第五章

在最痛苦的瞬間領悟到的事

——低潮有可能成為改變人生的契機

好評推薦

「你很好，你只是需要一個人告訴你『你夠好了』，而這本書，正是那個你需要的人。」

——米鹿 deerdeer，療癒系 YouTuber

「『任何一種喜歡，都不應該如此廉價！』我喜歡你，是因為與你相處，讓我感到舒服。以愛之名的情感強迫、勒索，再多容忍，總有一天會爆發。『如果有一天，喜歡的理由消失了，那這段關係剩下什麼？』不要因為愛一個人，而忘了愛你自己。從這本書開始，找回自己。」

——幹話心理學

作者序

比起傷害我的那個人，我才是最重要的

最近，我常有這樣的想法，人與人之間，若不想互相傷害，最少需要維持什麼樣的距離？必須維持多少距離，才能不失去自我、不傷害彼此地活著呢？

我不是心理學家、不是人際關係專家，也不是已經活得夠久，可以堂堂正正道出人生忠言的人，我的人生更非全然優秀和帥氣。

但是，為了那些因心愛的人而感到辛苦，忽然看不見明天該何去何從，帶著受挫的自尊心，前來找我的讀者們，我盡最大的努力，徹夜思考、苦惱，盡可能地想告訴他們我真心找到的答案。

我每天都在許多讀者身上看到他們的煩惱。就算不一定非常愛對方，但在與某人交往、建立關係時，也會不知不覺地傷害自尊，把對方放在第一順位，放在自我的前面。

現在的你放棄了什麼？
是不是放棄了你自己？

沒有一段關係是不重要的，但是，每當遇到在關係中不珍惜自己，只是徘徊不定、尋找答案的人時，我總想和他們說同樣的話：「沒有任何一段關係比自己更重要，比起帶給你傷害的那個人，更重要的是你自己。不要為了留在他身邊而失去自我，請不要再愛得那麼痛苦了。」

人與人的關係沒有所謂的正確解答，我想強調的是，比起帶來傷害的那個人，你更重要。

現代許多人都在關係中苦惱、心痛、糾結、矛盾，而種種問題的解決方法，都裝進這本書裡了。再加上至今我在現實生活中，確切領悟到的一些關於人生的想法。

希望你疲憊的心，可以在這本書裡得到安穩喘息的餘裕。衷心盼望閃耀的你，能找到屬於自己的答案。我會永遠在這裡，謝謝。

第一章

你遠比你的傷更重要

——不要獨自付出愛、獨自受傷害

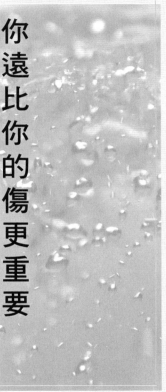

1／為什麼總是只有我付出、只有我受傷害

如果對方總是任意地傷害我，自己卻一副若無其事的樣子，那麼答案只有一個：付出愛的人，只有我。

「當初是我先喜歡上他，我一直覺得自己總是在渴望他的關心。我們分手已經兩個月了，聽說他還是一如往常，對其他異性很親切、常常聯絡。分手後我想過很多遍，在我們交往時為什麼我會那麼痛苦、那麼傷心呢？結論只有一個，就是在那段關係裡付出愛的只有我，只要我放下，關係就結束了。」

在讀者捎來的訊息中，我曾收到這樣的內容，看了讓人很心疼也很不捨。愛，是讓某人進入我的世界，是為了讓自己幸福，但為什麼還是有人會像那樣被傷害？如果在與某人交往的期間，一直存在著讓你無法不去在意的問題，同時持續受傷著，那麼你需要暫時在關係中打個逗號，停下來認真思考，這段關係是否該繼續下去？有沒有必要和價值繼續下去？

我和那個人
是不是真的
正在相愛著？

我付出了多少真心，
對方是否也給了我那麼多愛？

有一點可以確定的是，人一旦真正愛上某個人，就會自然地想要避免製造讓對方費心的事。永遠都是自己先聯絡對方，並默默地與其他異性朋友拉開距離，永遠把跟對方的約會擺在其他聚會之前，當然也不會隨便亂說傷害對方的話。

如果在這種情況下對方仍表現得模稜兩可，或感覺無動於衷，那麼答案只有一個，只有我獨自陷入愛裡，雖說處在戀愛中，卻什麼都沒有得到。對方給予的並不是愛。雖然事實很讓人心痛，但必須冷靜慎重地思考這個問題。

戀愛是兩個人的事。「我愛你」這句話，包含了「與你共度每個瞬間」的意思。如果真的相愛，就自然而然會避免讓對方擔憂。所以不要再獨自把整顆心都掏出來，不要再一個人痛苦難受。你在這段關係中流逝的時間、被浪費的情感、貶低的自尊，全都令人惋惜。

2／不只要付出愛，還要接受愛

想得到什麼樣的對待，就要先那樣待人。但與此同時，我也要能受到同樣的待遇。彼此尊重的互補關係，是從平衡的感情構圖開始。

「在心跳的每一刻，
愛著你、持續想著你，
想著你在哪裡、
做什麼事、和誰在一起、
是否安好？
會這樣掛念的人，
才是你應該遇見的人。」

這段話出自電影《真愛繞圈圈》（*Love, Rosie*），我很少看愛情片，但因為有一直開著電視的習慣，曾在電視上看到這部電影男主角吐露真心的場景，留在我心中很久很久。我不禁想問，與我愛的人共度一生，以及與愛我、珍惜我的人共度一生，哪一個最幸福呢？

我認為，在對彼此的情感並非單行道的前提之下，比起付出愛，得到愛的人更幸福。

人生中的重要元素很多，其中最不能或缺的是「時間」和「金錢」。不要忘記，談情說愛也需要投入時間和錢。很多人在連自己生活費都不足夠的情況下，卻願意把辛苦賺來的錢花在喜歡的人身上。不管工作或念書，在需要為自己投入時間的時候，卻因為滿腦子都是對方而不能集中心神，這種情況也屢見不鮮。

即使不到朝思暮想的程度，但基本上喜歡一個人，都會為對方花費時間，就這樣，在不知不覺中耗掉人生的一部分。最後卻發現，雖然我是因為喜歡對方而付出，但就像投資一樣，多少還是渴望從對方那裡得到同等的感情回饋，當結果不如預期時，心中就會忍不住感到失落和疲憊。

相反地，若今天我得到的愛比付出的多，情況就會不同。會一邊在心中感謝對方，一邊也可以專注在自己的日常生活上。從對方的立場來看，努力工作、不吝於投資自己的人，會讓人覺得你更有價值、更具魅力。

當然，這個問題並沒有所謂的正確答案。仔細想想，是要在失衡的感情構圖中勉強維持關係，還是要兩個人站在同等立場，一起走向彼此都能獲得成長的關係？哪一種才會讓你更自在，才是為了自己的人生和愛著想呢？

是要與一個時時都念著我好不好的人交往，
還是與一個讓我刻刻都放不下心的人交往？
一切都取決於自己的選擇。

現在，不該只是一味付出愛，而是應該開始接受愛的時候。

3／總是無法長久的戀愛

「沒有意義的自作多情反而是種罪。」「因為總是一下子就陷進去了，所以想乾脆拒絕所有人給予的好意。」如果你是屬於上述類型的人，請記住，務必理性、合理地思考。

經常一見鍾情，瞬間就會對他人產生好感的人；雖然時常與他人處於曖昧狀態，卻總是無法順利發展成戀人關係，或是成為戀人也無法維持長久關係的人，這類在感情中「秒愛」的人，通常都有一些共同點。以下列出的特點中，如果符合五個以上，就有很高的機率是容易「秒愛」的人：

□曾同時喜歡兩個人以上。
□因為一點點微小契機就對他人產生極大的好感。
□想把所有的時間和金錢都毫無保留地奉獻給對方。
□才交往沒多久就想到結婚。
□凡事衝動、性子急。
□做一件事無法持續很久，常常很快就會不耐煩、很容易就膩了。
□時常覺得孤獨，喜歡一個人就會變得很執著。

□喜歡喝酒，異性朋友很多。

□曾在決定向對方告白之前，感情卻突然冷卻了。

□過去分手的原因都認為是對方的問題。

容易秒愛的人常會感到孤獨，一旦墜入愛河，往往就會非常投入，但大概交往了二、三個星期後，逐漸看到對方的缺點，內心就會迅速冷卻。就這樣，每段戀情都很短暫，陷入這種循環：在成為戀人之前，自己的感覺就先冷掉了；或是雖然成為戀人，卻無法維持「長久的戀愛」。想一想，就像肚子很餓時，總是吃最方便快速的泡麵，先不論是否能解決眼下的飢餓，長期下來是不是會損害健康呢？

不成熟的人只會一直與不成熟的人相遇。如果還沒有充分了解對方，就必須提醒自己放慢內心的速度。若想建立長久、正向的關係，就千萬不能著急。

如果問身邊那些容易動心的人，為什麼會陷入愛河，會發現開始的契機總是非常單純。「因為他常常對我噓寒問暖。」「只要我看他，他總是會對著我笑，還會幫我拍掉衣服上的灰塵。」「他主動幫我開門，還跟我要聯絡方式。」「那還用說？當然是長得好看啊。」「漂亮。」「他的聲音很好聽。」等等，會發現幾乎都是非常細微的小地方——大部分都只是外在——就帶來極大的好感。

在不了解一個人的情況下，
光看外表就喜歡上對方，
實際上就像是賭博，
結果不是大好就是大壞。

但戀愛這種事可以完全交給運氣嗎？

喜歡一個人，應該對他具有最基本的認識，與對方相處時，能夠了解彼此未來可能的發展。抱著這樣的想法，逐漸累積情感，那麼即使日後看到對方其他面貌時，也就不至於會受到太大的衝擊而失望。同時，自己也能維持最初喜歡對方的心情。

先別因為對某人一有好感就馬上發動攻勢，或許心裡多少有些焦急、煩躁，但還是先建立與對方有關聯的點，慢慢擴及到線、面，一步步了解對方，循序漸進，這才是避免關係曲折的方法。

Alone

獨自開始愛情，
獨自悸動，
獨自生氣而鬧情緒，
獨自失落哭泣，
獨自結束愛情。

是時候整理這些獨自吞下的痛苦了。

4／愛情裡的乙方

自己是不是成了關係中的乙方？犧牲和沉默不是答案。對於得到愛卻不知感謝的人，不需要再付出愛了。

・沒有原因突然斷了聯繫。
・每次見面時看起來總是很疲累、不耐煩的樣子。
・當我對他用情越來越深時，卻感覺他愛我的心漸漸地減少了。
・永遠都是我主動聯繫、讓步、理解、道歉。

如果你正過著上述的日子，就表示你現在處於「乙方的戀愛」中。我們常在電影中聽到「愛怎麼可能會變呢？」這樣的疑問，但很遺憾，人會變，愛也會變。隨著時間流逝，我們無法以任何方式阻止變化。儘管如此，在戀愛關係中，通常總是喜歡得比較多、遺憾比較多的一方成為「乙方」；心先冷卻、先失去耐心的一方成為「甲方」。當然沒有人是為了成為甲方才開始戀愛，關係的起始必然是因為互有好感，帶著想好好表現的心態交往，但是隨著時間，心中原本愛的尺寸也會逐漸發生變化，影響兩人關係間的權力構圖。

在我至今見過的許多情侶中，幾乎沒有人認為自己在戀愛時專給對方找麻煩，即便是在愛情中成為甲方的人，最初也對無條件付出的對方心懷感謝。

但就像「親近生侮慢」這句話，一旦對於親近之人反覆表現的善意習慣成自然，就會把對方當作是「理所當然付出的人」。就這樣，當「只付出的關係」、「只接受的關係」成為慣性常態時，甲方與乙方的立場也就漸漸牢固了。

我是不是用過度付出的方式在談戀愛？
犧牲與沉默不是唯一答案。

我們應該要練習表達自己的心、爭取自己想要的東西。對於明確表達自己立場的人，誰都不能輕忽怠慢。

或許有人會擔心「如果坦率地說出我的心情，他會不會就離開了呢？」，但是如果為了繼續與對方維持關係，強迫自己隱忍這段不自在、勉強的感情，這樣得來的表面和平絕對無法持久。如果你仍選擇守在對方身後，默默淌著淚受苦的話，我也不會阻止。

但如果你想擺脫在戀愛關係中「乙方」的立場，卻沒有勇氣立刻表態，將自己的委屈傾吐而出，我的建議是在守護自己的範圍內付出，明確地讓對方知道並非可以對你予取予求。但若連這樣的表態都沒有自信的話，就等待吧。等待能夠真正理解自己，守護你自尊的那個人出現。至於那些被愛卻不懂感謝的人，也沒有再給予愛的價值了。

在戀愛中，若想守護自尊、不想成為只有付出的「乙方」，就必須先看重自己。「我」才是最重要的，不管什麼事情都比不上我的人生、我的未來。愛情只是人生要素之一，如果只為了某個人生活，就等於放棄了一整個人生。

如何開拓我的人生？
如何實現自我目標？
若對自己的生活一點苦惱都沒有，
盡是執著在對方身上，
只會讓對方想逃跑。

一般來說，比起喜歡自己的人，大多數人更想與自己喜歡的人交往。

所有關係最適切的解答都在自己身上，你是想成為讓人想交往的人，還是成為讓人想逃跑的人？只有當你不渴望對方、不執著在對方身上，把自己放在生活的中心，為自己的目標奔走努力時，才能成為對方眼中最帥氣、最有魅力的人。

5／自尊無可取代

要認識自己的長處，認同自己的優點。如果連自己都不能肯定自己，就得不到任何人的愛。

在作家柳時和的著作《為什麼我不是你，而是我》（나는 왜 너가 아니고 나인가）中有一句話：「沒有人學過怎麼愛自己。」我覺得一點也沒錯。近來媒體上常出現「自尊」這個關鍵詞，說明了有許多人不知道愛自己的方法，同時也證明了人們經常視而不見或從未發掘自我的價值和優點。

「你怎麼那麼會說話！」我偶爾會收到讀者傳來這種不知是疑問還是稱讚的訊息。但是老實說，我從來都不認為自己會說話，有時翻看以前錄製的影片，會覺得影片裡頭的自己傻乎乎的，甚至沒有勇氣再看一遍。我說話時其實經常結巴、喘氣，也時常為了思考接下來要說的話而發呆，影片剪接也不是很順暢，即使如此還能得到稱讚，真的讓我既惶恐又懷疑：「我很會說話？不是吧……。」但收到越來越多這種回應後，腦中難免也會閃過「也許我真的還算滿會說話的吧」的想法。

因此，這讓我有些感觸，每個人都有自己的長處，但我們是不是光羨慕他人的優點，卻沒來得及發現和認可自己呢？就如同我也是透過別人才察覺自己從來都沒發現的長處。

自尊感，是承認自己的價值、珍惜自己、尊重自己的心態。

自尊的定義是「守護自己的品格，領悟自己人格的絕對價值和尊嚴」。也就是說，要知道自我價值並珍惜、尊重，才能提高自尊感。自尊像是對自我最基本的禮儀，自己什麼事做得最好、自我的價值為何，這些必須是「本人」最清楚，並培養塑造的。但很多人連自己的長處和潛力都看不見，只會一味地羨慕他人，腦中滿是「為什麼我不能像他做得那麼好？」「為什麼他做得到，而我卻沒有那種能力？」等想法。

在看到別人的優點、感到羨慕之前，
應該有自信地說：
「雖然別人有的我沒有，
但我有自己的長處。」

懂得認識並承認自己的優點，這是提高自尊最好的方法。個人的自尊，是任何人都無法取代的。

6／內心堅定的人絕不單戀

有些人常常會苦惱：「我這個人到底怎麼樣？這樣的我也沒關係嗎？」其實如果沒有你的允許，誰都不能讓你感到自卑。

「單戀已經一年了。我喜歡上一個從不回頭看的人，什麼也抓不住。只要想到那個人，心裡就會很難受。我該怎麼辦才好？」

心裡有喜歡的人，卻無法對那個人表露任何情感，一個人苦惱不已時，常常會這樣捫心自問。

「要這樣單戀到什麼時候？不知道那個人是否喜歡我，只是因為害怕被拒絕，就這樣浪費感情、浪費時間，這種日子要持續到什麼時候？」

單戀，其實很容易就開始。對自己沒有自信、勇氣不足，單戀就會一直持續下去。但是單戀的時間越長，你的人生就只會浪費更多。看看周圍，當其他人都向前邁進時，你卻在原地踏步。單戀從某個瞬間開始，你的人生就可能被對方利用了。

當你真心喜歡一個人，卻沒有勇氣向對方表示，只把那份情感默默放在心上，接下來會有什麼改變？坦白說，什麼都不會改變。感情應該是互相給予和接受。在彼此坦誠交流感情的過程中，才可以建立健康的關係，所以應該讓對方知道你對他的感情。

「萬一我告白了卻被拒絕，該怎麼辦？」「如果說喜歡他，他卻把我當成怪人那該怎麼辦？」從這些想法中跳出來，才能得到解答。

單戀時，當然會擔心對方是不是也喜歡自己，因為自尊心作祟、擔心告白之後反而讓兩人變得生疏，這也不是沒有道理的。然而如果一開始就有了失敗的想法，怕對方拒絕、對自己的外表沒信心、或因為曾被拒絕過就凡事看人臉色，認為對方一定無條件比自己優秀……如果你是這樣的人，那麼，該放棄單戀了。

人與人相遇時，眼睛和大腦同時都很忙碌，我們會不自覺評價對方。在整體的評價後，判斷對方在外貌、性格、能力等各方面都比自己優秀，這時就會自我懷疑，這樣的我也沒關係嗎？

請先停下來想一想，你是個怎麼樣的人，會對自己提出「這樣的我也沒關係嗎？」這種疑問，是不是因為對自己有著比對別人更苛刻的標準呢？我並不是強調要自滿，只是有時候沒有必要與別人比較、貶低自己，將自信和自尊都打落在地。與其為那種問題苦惱，還不如把時間拿來讀書、運動、學習一些有益的事物，提升自我意識和能力。這才是真正有幫助、能進步的道路。

希望你記住，
若只是單戀，沒有任何表示，

對方絕對不會先靠近你。

如果只是因為害怕被拒絕而蜷縮著，那麼一輩子都不會明白對方對你的心意。那樣也沒關係嗎？若打定主意永遠不告白，那麼單戀是無法結束的。或許就是這樣，人們才會說單戀不是件容易的事吧。

「不要一直想著會失敗，要想著可以的。靠近對方，即使不被接受，也不要太沮喪或執迷。」在腦中先具備這樣的意識是很重要的。

人生中沒有什麼比自己的時間和感情更重要，只要熬過那一分鐘的告白，所有痛苦都會結束，你的心裡也會變得自在。希望你不要選擇逃避、局限了自己，不管六個月，還是一年、二年，不要再浪費時間單戀了。

閉上眼睛，向對方表達自己的心意，即便不被接受也要調整好心態，放棄單向的迷戀，這是乾淨利落整理關係的最佳道路。「成功最好，不成功也罷。」帶著這樣的意識和自信表達心意，說不定反而會有高機率可以實現愛情。

Love yourself

現在進行中的戀情，
是真正的愛情嗎？
就算自認正在戀愛，
但那個人給的並不是愛。

愛是兩人互相的事，
如果只是付出卻未得到，
那就不是愛。

當你遇見對的人，
你會喜歡在一起度過的時間中，
自己逐漸改變的樣子。

自己的價值並非由別人的評價決定，
你的價值由你決定。

如果相信自己的價值，
就會完全呈現在別人面前。

我們需要練習，
了解自己的價值，
再堂堂正正地表現出來。

7／讓喜歡的人喜歡我的方法

如果表示出好感，而對方也意識到了，就該耐心等待。不要為了得到對方的歡心，自亂了腳步。

當你開始喜歡一個人時，對方的事儼然就成了人生中最重要的事。無論從睡夢中醒來、走路、還是吃飯，無論怎麼努力不去在意，腦海中都還是會自動塞滿關於對方的一切。能在茫茫人海中找到彼此，心靈每分每秒都能完美契合，就像奇蹟一樣。那麼，要如何才能出現喜歡的人也喜歡我的奇蹟呢？

為了贏得對方的心，
而對他好，就如同「加分」。

不管是到民間企業面試，或是參加公務員考試時，都有加分的機制。「加分」，就是有幫助、額外的分數。但是就算有額外的分數，也不代表一定能合格。沒有最基本的努力，只靠加分，最後仍是無法合格的。人際關係也一樣，從對方的標準來看，即使有可以加分的選項，但往往在基本分數上已經定下了結果。

在結果已定的情況下，或許對方在看到你的某些作為後，會產生「要不要改變決定」的想法。在表白心意後，直到對方接受真心為止，那些可以加分的作為就像微風，或許會給對方的決定帶來微弱的影響，但不要忘了，如果僅靠微風，連一張書頁也翻不過去。

當你表現好感，對方也意識到這點時，就應該耐心等待。不要為了進一步博取歡心而自亂腳步，當然還是要具備最基本的禮儀。而等待的意義並非無所作為、無視對方。

就算使盡全力了，
該來的人還是會來，該走的人還是會走。

表露了自己的心意，對方也意識到了，
經過一番耐心等待後，若仍然沒有回應，
他就不是該來到我身邊的人。

看來人的心，無論再怎麼努力，也不能輕易改變。但反過來看，讓喜歡的人對自己產生好感的方法似乎並不難。第一，先表白我的心意；第二，有禮並善待對方；第三，如果對方不接受就趁早放棄吧。

放棄，當然會讓人感到空虛和傷心，但不要忘了，當必須收回心意的那一刻，最需要珍惜的人就是你自己。那個人失去了一個真心愛他的人，而你只是失去一個不愛自己的人。希望你的傷心不要持續太久。

8／現在，是告白的好時機嗎？

「如何表白自己的心意，才不會讓彼此的關係變得尷尬？」答案只有一個：現在，是告白的好時機嗎？

告白，是判定和定義戀人關係的關鍵。

曖昧↓告白↓戀人

如果告白成功，順利成為戀人當然很令人開心，但萬一失敗，有可能導致關係斷絕。因此，大部分人都會因為害怕關係從此切斷，而猶豫是否該向對方告白。有人會選擇維持現狀，但最後通常還是分道揚鑣，事實上，只有敢於坦白的人才能使關係取得進展。既然如此，要怎麼做才能提高告白成功的機率呢？

不需要把告白想得很困難，
要記住的是，告白不是「通報」，而是「確認」。

告白並不是單方面地向對方通報自己的心意，應該是確認這段期間兩人相處所積累的感情。那麼，什麼時候才是告白的最好時機呢？其實通常到了一定程度，自己會有「時候到了」的感覺，有一種「如果我現在告白，他應該會答應」的感覺。如果連這個時間點都不是那麼確信，就代表你還不太了解對方的情感。如果你們之間已有充分的交流，只要簡單的一句話就可以開始真正的戀愛，否則不管是多麼動人美麗的告白，失敗的機率還是很高。

成為情侶的變因很多，兩人都對彼此一見鍾情是可遇不可求的，大部分人都是一方先陷入愛情，另一方後來才產生好感，進而交往。後者的狀況，都需要經過一段時間的相處觀察，發現那個人比自己想像中還要好，才會有進一步發展的想法。因此在對方決定之前，通常彼此之間已積累了不少好感積分，這時的告白，就是在已經產生好感的心中注入確信，約定彼此接下來以更親近的關係一起度過。

告白不是通報，而是一種確認。當感覺時機成熟可以告白時，不要害怕，就勇敢說出口吧。在適當的時機表達愛意，就能成功收割。

9／如果想知道他的真心

若沒有一雙可以讀懂情感的眼睛，要怎麼認出好人呢？真的能遇見那個人嗎？如果完全無法知道他是否喜歡我，那麼即使戀愛了，也可能會成為乙方。

我們有時會因為無法知道對方如何看待自己而感到煩悶，不知道他現在是什麼心情、過得好不好？因為不確定，所以一有機會就在他周圍打轉。這種時候要了解對方內心的關鍵其實很簡單，就是我們心中會產生那些疑問的「理由」本身。

我們先來分析一下「為什麼會好奇對方是否喜歡我」的原因。為何會那麼在意那個人？因為很喜歡，所以如果不知道他的心情，就會變得焦躁不安嗎？如果你一點都不知道他心裡在想什麼，那麼即使和他談戀愛，對你也沒有什麼好處。

一般戀愛中，在與對方處於互有好感的階段時，即使只是隱隱約約的，多少也能感受到對方的情感。雖然有人會習慣隱藏內心，不過如果真的喜歡對方，那種情感是隱藏不住的。

第一次見面後關係就進展迅速，立刻成為戀人的例子其實不多見。一般通常會先有幾次與一群朋友一起喝咖啡、吃飯、看電影，累積相處的時間，相互了解，兩人再逐漸發展深厚的感情。

他對我有什麼想法，
必須要能夠親自了解和感受。

所以撇除對方喜歡不喜歡自己這個問題，哪怕見過好幾次，如果完全無法了解對方的心意，那麼即使日後交往也會困難重重。如果在某種程度上可以看出他心裡的想法，能懂得他在想什麼，那麼兩人步入戀愛後的過程就會比較順利；相反地，如果完全不了解他對你是什麼樣的感情，那麼從一開始就只會挫折重重。

萬一對方刻意隱藏好感，讓你無法了解他的心意，問題依然存在。不管他是為了什麼理由要隱瞞自己的情感，但你非要和那樣的人交往嗎？喜歡並表現出來是好事，難道非得找一個對你隱藏心意的人嗎？

當然沒有必要。與凡事坦誠，對你全心全意的人相處的時間都不夠，實在不需要為那些隱藏自己情感的人心煩。

別再承受不必要的傷害了。

Answer

如果不再像以前那樣常聯絡，
如果他更重視其他人，
那麼答案就是，
不需要再見面了。

請分手吧。

所謂對等關係，
並非指與對方平起平坐，
而是以對待對方同樣的方式，
對待自己。

10／關係的方向盤掌握在自己手上

沒有必要總是為了防禦而感到緊張。有時對消極的人來說，不要浪費能量就已經夠了。

有一次我從某位讀者那裡收到這樣的苦惱：「那個人好像不喜歡我，一點都不重視我。比起我，他更重視與朋友們的約會，每次講到喝酒、女性朋友、不跟我聯絡這些問題，他都會不高興，我總是要看他眼色，越來越痛苦。」

首先，我想對這位讀者說：「你沒有做錯任何事情。」

真的什麼都沒有做錯，只是想得到愛而已。雖然男朋友明明就做錯了——自己腦子裡也明白——但每當對方生氣時，還是會先產生「是不是我哪裡做錯了？」這樣自責的想法和心情。可能就這樣一直低著頭，忙著察言觀色。這種事情越是反覆發生，越是會降低本人的自尊心，使關係變得一團糟。在這個時候，應該關心的是受傷的自己。

希望你能想一想，為什麼非得那樣苦惱？為什麼非要你先跟對方聯絡？是否感到心痛？還有，為什麼要和那樣的人交往呢？

愛應該是對方和我，兩個人共同的事。然而為什麼偏偏只有我必須苦惱、費心、心痛呢？不要讓自己必須很費力才能繼續下去，希望你首先想到的是，相愛的人應該要是能夠一起苦惱、一起避免傷害的人。尊重自己的人，絕對不會因為愛這個理由而允許自己受到傷害。

為什麼我非得受到傷害？
怎麼可以這樣對我？
希望你不要失去這種態度。

如此一來，在戀愛的每一刻，就算最後分手，心裡也能盡快回復平靜。不只是戀愛關係，其他人際關係也一樣。與某人見面時，自己總是畏畏縮縮、不敢說話、沒有自信，這樣只會越來越吃力。絕不是要你無視對方，而是在遵守為人基本禮儀的前提下，不要把任何人放在「我」這個存在的前面。

如果不改掉「放棄自己全心投入」的心態，那麼每次戀愛時、或是在人際關係中遇見讓你難受的人時，同樣的狀況只會反覆出現。這一回獨自苦惱、受傷，收到分手訊息，又再度身心俱疲的一方，仍然是你。

· 我會欣然挺身而出。
· 我要毫不保留地暢所欲言。
· 我會繼續做下去。
· 當我感到自己是一個人時，也會向前進。
· 我每晚都要安心地入睡。
· 我會成為擁有最好面貌，最強大的我自己。

這是演員艾瑪・華森（Emma Watson）在感到自尊低落，或受到傷害時，在心裡對自己說的六句話。就像她說的，在必須捍衛自己的時候欣然為自己挺身而出，在需要為自己發聲的時候毫無保留地暢所欲言，並且要不斷向前進，那麼別人給你帶來傷害而造成的痛苦就會減少。

你不需要為了與任何人交往，而削弱自尊，這點是不能妥協的。當你發現自己為了與某人在一起，而感到自尊低落時，記得不要忘了問問自己：「我為什麼要這樣？」這並非要你傲慢自滿，而是不要刻意貶低自己。任何關係的方向盤，都掌握在自己手上。

Choice

我的人生，
根據我的選擇，
就是正確答案。

第二章

給依然被他擺布的你

——要記得，你是個有足夠魅力的人

11／不需要貶低自己

不要拘泥於過去的記憶，不要讓自己被束縛。我有愛自己，保護自己的義務。

有時，即使和相愛的人在一起，心裡也會感到失落與孤獨，尤其是自尊比較低落時，更會陷入這樣的狀況中。時常將自己與對方的其他親近朋友比較，或者感覺自己不如「前任」的時候，心中就會湧來憤怒、孤獨、傷心、失落。

總是會忍不住在意「他真的喜歡我嗎？如果他去找其他人的話該怎麼辦？」「他以前交往的人是什麼樣的人？比我還好嗎？」但這些想法只會讓自己越來越痛苦。

通常戀愛經驗不多的人，進入一段戀情後都會放低自己的身段來談戀愛，但我們必須先認清一件事：「如果不是真的相愛，就不需要繼續交往了。」平時充滿自信、堂堂正正、自尊心極重的人，一面對戀愛時卻變得膽小畏縮，抱著奉獻精神，只付出卻得不到回報，這時就該想一想：「他為什麼要與我交往？」從根本探究原因。

為什麼是我？當然是因為與之前的戀人相比、與其他異性朋友相比，我更好、更吸引他，所以現在才會在一起。比起他先前認識的任何人，我更了解他，也更談得來，所以關係才能延續。現在他腦中的我是「比其他人更好的人」，我也是因為對方很好，才會與他交往不是嗎？對方也一樣，若不是有同樣的感覺就不會在一起。

當然，在交往初期，彼此心中投入情感的多寡不太一樣，不管哪一方投入得多，都會自然產生差異。不過在經歷一段時間的相處後，兩人應該逐漸形成對等相愛的關係，而非有哪一方被壓制的關係。

「他真的喜歡我嗎？」
不要陷入這種問題的惡性循環中，
讓自己變得可悲。

你具有足夠的魅力，
是個充分有資格獲得愛的人。
不要忘了，要看重自己的價值，
才會發光發亮。

不管他以前與誰交往、認識了多久，現在的我比任何人都更了解他，沒有人比我對他更好。要有自信，若發現對方與異性朋友之間過從甚密，或是前任突然來找他，當那些痕跡出現在眼前時，就該果斷地告訴對方不要那樣做。因為這是屬於「我」的戀愛，是不是要跟即使在一起也讓我感覺孤獨的人交往，由「我」決定。

12／當我還不知道愛自己的方法時

只有真正接受自己的時候，自尊感才會提高。我的長處和短處，都不該用世俗的眼光來評斷，而是看自己本身是否接受。

「自尊就像雲霄飛車一樣，有時候高、有時候低，不需要因為自尊感低落，而感到畏縮、內疚，現在只要想著往上衝就行了。」

這是一位讀者傳給我的文字。的確，人的自尊感不可能總是在高點，當然也不會一直在低點。自尊感是有機的情感，所以會不時地忽上忽下。例如，因自尊感低落而鬱悶，陷入自責當中時，可能也會因為某人的一句話、一個行動而產生自信。經常有人問我：「要怎麼做才能愛自己？」每個人身處的情況不同，當下的情感也不一樣，所以這個問題的答案應該不止一個。

但其中我認為最明確的方法就是隨時考量「時間」和「父母」。只有在完全接受自己時，人的自尊感才會提高。我的長處和短處都不需要用世俗的眼光來判斷，自己本身是否接受才是最重要的。而人在潛意識中與父母連結在一起，如果心中對父母有一絲厭惡或怨恨，就無法完全接受自己，因為那種情感會影響內心、自我排斥。

自尊感，

並不是單純地只要愛自己、

接受自己，就能恢復。

要接受自己的家庭與環境，並給予完整的愛。現在不妨想像一下，父母在自己現在這個年紀時的模樣。那時候，他們的白髮不像現在那麼多、不會三不五時跑醫院。身體比現在更硬朗，幾乎沒聽說過哪裡痛、哪裡不舒服。但是時間不會停留，而是不斷地流逝，在將我養育成人這段期間，父母已經不知不覺變成了衰老的樣子。

「不要忘記，我是媽媽的驕傲！不是沒有用的孩子。」

在電視劇《未生》中，男主角每當自尊心低落時，就會這樣對自己喊話。是啊，我是父母獻出寶貴的時間和青春，珍惜守護的人。真的想好好地愛自己，就認真想一想：「我是那麼沒有價值的人嗎？」父母絕不是為了讓我成為一個沒有價值的存在，而犧牲奉獻了那麼長的時間。

時間與父母，在覺悟到這兩點的重要性並真正愛上自己之前，你無法真心去愛別人。愛自己，最終將是在關係中許多問題的答案。

13／喜歡的感情也需要調節

因為喜歡，所以一直等待著他的聯繫，最終你只會成為萬年守候的鳥。如果知道你一直在等待，他會永遠等你的。

人們常說喜歡得多的人比較吃虧，其實這句話並非完全正確，因為會因人而異。確切地說，就是「因為喜歡而吃虧」，所以只要能控制感情、善於處理關係，就不會因為喜歡而委屈自己。那些所謂吃虧的人除了喜歡之外，什麼都不做，所以才會受到傷害。

你是屬於戀愛時能夠控制自己感情的人，還是一旦沉醉在愛裡就什麼都不管的人？若無法控制自己的感情，那麼從戀愛開始的瞬間，生活就會改變。

- 取消早就與朋友講好的聚會——因為要與他約會。
- 在工作或讀書時常常看手機——因為不想錯過他可能會傳來的任何聯繫。
- 下班後不再去健身房——因為要與他見面。

· 沒有時間做自己有興趣的事或增進自己——因為他是我唯一有興趣的對象和夢想。

一旦陷入愛裡，很多人就會把對方放在人生的第一順位。不管什麼都想給對方最好的，有好吃的東西就先給對方吃；念書或是工作時完全沒辦法集中精神，因為對方不知道何時、甚至不知道會不會傳來訊息。除了戀人，其他人際關係幾乎都斷絕，也不再增進自己或學習，彷彿在這個世界上就只有「他」而已，甚至連「我」也抹去，即便這是我自己的人生。

喜歡的感情也需要調節，如果你屬於無法控制情感的類型，就要正視這個事實，並努力改善。否則，戀愛談到最後留下的只有心靈創傷和崩潰的人生。

不管喜歡上什麼人，都不能丟了自我。愛很重要，但是否把「我」的存在放在優先位置更重要。

「真的很愛很愛你，
但是我更愛自己。」
若以這樣的心態談戀愛，
那麼不管付出多少愛都不會受到傷害。

肯定有人會感謝你給予的愛。如同你付出了愛，對方也回報以同樣的愛，這樣才能感受幸福並建立對等的關係。

不要忘了，
因為有我，才有那個人。
那個人並非我存在的理由。

「沒有比現在更懇切的明天。
因為明天也許不會到來。

人生沒有那麼漫長，
長到可以討論也許不會再來的下一次機會。

如果因為懶惰和懦弱而放棄眼前的人，
在下一次機會裡不會有他。
或許下一次機會永遠都不會再來。」

——電視劇《請回答 1997》

14／和年齡相比，不足的戀愛經驗

愛情也需要「付出代價」。盡了多少力、費了多少心，就能得到同等分量的寶物。如果什麼都不做，就什麼也得不到。

「沒談過戀愛的人是有缺陷的人嗎？」

「我沒什麼戀愛經驗，別人總認為我好像有什麼問題似的。」

人生至今沒遇到特別心儀的人，或者沒有機會認識不錯的人，就這樣不知不覺成了從沒談過戀愛的「母胎單身」——或者戀愛經驗少之又少的人——有這種苦惱的人比想像中還多。

雖然從未談過戀愛，但若是自己選擇過沒有戀愛的生活，那完全沒有任何問題。如果周圍有人多管閒事地八卦說：「一直都沒談戀愛，是不是有其他問題？是發生過什麼事而對戀愛產生心理陰影嗎？」請儘量把他們的話拋在腦後。

不過，若你心裡其實也希望可以遇到能夠分享真心的人，想要得到愛的話，可以先參考接下來的建議。戀愛首先要符合你的年紀。若二、三十歲還期待像十幾歲青少年那樣不顧一切，只熱切注視著彼此的純純的愛，那就太不切實際了。聽來雖然很殘酷，但這是必須了解和接受的事實。

戀愛是與某人建立深厚的關係，這種經驗越少，越容易不自覺地喜歡上別人，因此更會執著和糾纏，這種時候需要做的是後退一步，客觀地檢視自己的感情。這樣，才能談個符合年齡的成熟愛情。

即使沒能認識很多人，不曾發展到很深層的關係，但最好也盡可能培養觀察人的眼光，「原來他是這樣的人啊！」「這個人有這種優點。」「原來他有那樣的問題。」像這樣逐漸學會區分在我的人生中是毒藥還是良藥的人，就能在適當的時機與適合的人進入真正的愛情。

隨著感情的牽引，與許多人相處，
經歷各種嘗試和錯誤，
培養適合自己的關係原則，

比什麼都重要。

愛也需要付出代價。不管是因為沒有自信，還是真的沒什麼機會與他人接觸，而遲遲未能真正地與他人交往，隨著時間推移，只會越來越難遇到適合自己的「寶物般的人」。即使害怕、忙碌、情況艱難，仍勇於尋找新緣分的人會發現寶物。就算好不容易開始的關係結束了，也希望你不要因此感到痛苦。愛過、幸福過，必然會有相對的苦。不要認為「只有我痛苦」，天下沒有白吃的午餐，愛情也一樣，需要付出代價，但最終，與某人的相遇必然會留下寶貴的經驗和感悟。

凡事取決於自己的決心，只要開始，怎麼樣都不算遲。

15／勇敢迎上有好感的視線

人的眼睛就像嘴巴一樣會說話。用眼睛說出的話，就算不用辭典解釋，任何人都能理解。即使是翻過一頁書頁的瞬間，哪怕只有三秒鐘的短暫對視，命運都將不同。

「一開始只是不經意地看了一眼，但後來總是對視，不自覺就心動了。他為什麼一直看我？難道是對我有意思嗎？」

如果經常四目相接，自然可以說是有好感。像在餐廳吃飯或是在咖啡店時，偶然與陌生人對視，之後經過旁邊、或抬頭時，不管怎樣都會跟對方四目相接，那就不是偶然了，那代表對方意識到你。無論是覺得你還不錯，或是欣賞你的外貌，雖然不知道確切的原因，但頻繁的「對視」就證明那個人注意到你。

如果不在意，
那麼不管我怎麼凝望，
那個人都不會看我一眼。

或許是你先把視線投向他，但對方也不只一次看著你，那麼可以說他也開始在意你了。正因為雙方對彼此都上了心，才會頻頻互相注視，本能地被吸引，這種情況經常發生。

作家兼媒體人麥可・艾斯伯格（Michael Ellsberg）在他的著作《眼神不敗術》（*The Power of Eye Contact*）中，以一個實驗來揭開第一次見面時眼神的意義。他讓一百一十五名男女學生與專業男女演員見面，並為演員的魅力打分數，然後暗中偷拍實驗對象學生們的瞳孔移動狀態。結果發現，認為女演員漂亮有魅力的男學生，在實驗中凝視對方的時間平均為八・二秒。令人吃驚的是，統計顯示，當彼此對視時間的總和超過八・二秒時，雙方一見鍾情的機率很高。

因此不管是走在路上，或在咖啡店裡，或其他任何情況下，如果頻繁地與陌生異性互相對視，可以解讀為那個人對你有好感。而且對視的時間越長，關係進展的可能性就越高。

如果已經有交往的對象，當然另當別論，但若雙方都單身，並積極表現拉近距離，那麼發展成戀人的可能性就很大。想談場戀愛，正好遇到不錯的對象並多次互相對視時，千萬不要迴避。

16／曖昧階段最常犯的關鍵失誤

先仔細觀察再靠近也不遲。「我們是什麼關係？為什麼他都不跟我聯繫？」你的心越急躁，他的心就越冷淡。

在相互了解的階段，最常犯的錯誤就是把自己的標準代入對方身上，凡事都認為「他也會這樣想吧」。但不要忘了，每個人的條件、所處的情況都不一樣，當然現在是否要談感情的想法也不一樣。

舉例來說，假設距離前一段感情結束已經過了一段時間，心情也整理得差不多了，感覺現在若展開一段新的戀情似乎沒什麼可顧慮，時間上也有相當的餘裕，於是直接認為「我準備好了，那個人也和我一樣」，那可就錯了。

雖然想談戀愛，
但首先要明白，
對方未必有同樣的想法。

對方現在可能沒有心情談戀愛，或是沒有多餘的時間與心力。在戀愛之外，其實還有很多事要做，但這時如果只顧著自己的心情，那就會完全忽略對方的狀況。

如果因為自己現在凡事游刃有餘，而擺出一副「那種事有什麼重要？」的姿態，看在對方眼裡，會覺得「那件事很重要，但他卻不當一回事，這樣我如何能跟他交往？」可能會因而破壞兩人原本的關係，所以，理解對方當下所處的狀況是很重要的。

也因為每個人都不同，所以可能無法簡單設身處地站在對方的立場思考。例如約對方一起去看電影，他卻說有別的事而拒絕，心裡就會想「是不是對我有什麼不滿？還是我做錯了什麼？」站在對方的立場，可能是認為另一件事比較重要而拒絕你，但對你來說也許會覺得「不是很重要的事啊，為什麼不願跟我去看電影呢？」像這類情況反覆發生，內心不斷糾結，關係就會繼續惡化。

尤其在關係剛開始建立時，你喜歡對方比較多，每一次都只能告訴自己要理解對方、配合對方；相反地，如果對方喜歡你更多，他就會配合你，你的心裡不會有不安的感覺，但若不是這樣，你必須體認到在某種程度上只能迎合對方。這並不容易，你必須要從容沉著。

在關係建立初期，還不確定的階段，最重要的是不要抱持過多的期待。在表白心意、正式交往之前，如果就已經產生對戀人的期待，得到的很容易只有失望，同時也會給對方帶來不必要的負擔，這樣下去兩人的關係將容易不了了之。

曖昧的對象，
意指現在還不完全屬於我的人。

曖昧的時候速度不要太快，也不要太落後，重要的是以從容的心態自然地與對方相處，逐漸增加聯絡和見面次數，培養彼此的好感。不要在這個階段就懷有太多期待，再等一會兒吧，給他足夠的時間和機會去愛你。

Heart

喜歡誰由我的心決定，
同樣地，他喜歡誰，
也是他的心。
有時候要認清什麼是我能改變，
什麼不能改變。

17／從社群網站就能知道是什麼樣的人

社群網站是展現一個人面貌的另一扇窗。特別是親自選擇上傳的照片中，能夠完整地呈現那個人的內心。

拜科技發達之賜，現在當我們對某人產生興趣，或是對只見過幾次面的人有好感，想多了解時，只要對方有經營社群網站，知道他的帳號，就有機會可以大致了解他是怎麼樣的人（不過以下的狀況並非適用於每一個人）。

試試連上對方的社群網站，瀏覽他的動態吧。一般來說，Facebook 會因隱私設定的不同而有瀏覽內容上的限制，但 Instagram 只要是公開的，就可以從照片中認識對方。一邊把捲軸往下拉，來看看對方的動態吧。

有人自拍的照片特別多，也有人的照片都是由旁人的角度拍攝的。另外也有頁面上幾乎都是美食、風景，或在不同地點打卡的照片。初次瀏覽對方的網頁時有什麼感覺？是自拍照片多，還是風景或美食照片多？

自拍照片多的人大部分都有自己偏好拍攝的特定空間。例如在自己家裡，客廳照明的正下方或浴室鏡子前等，很容易發現上傳的照片中，有不少背景很類似。

也有人去了很多地方，但上傳的仍舊是自己的自拍照。雖然出現很多不同的背景，但按下快門的依然是自己而非他人。這類型的人無關個性內向或外向，可以推測為喜歡待在家甚過外出的宅女宅男。但他們仍想與人有所交流、也想得到關注，所以會定期上傳照片，但主要還是自拍。從這種類型的社群網站來看，動態消息整體構圖中很可能有一大半都是自拍照，其餘才是美食或景點的照片。他們行動範圍不廣，在戀愛時也不是會讓人操心的類型。

相反地，如果照片大多是別人拍的，這就要分男女來看。舉例來說，就像在咖啡店等場所，有漂亮的擺設或裝潢，同行的女性通常會很欣然互相拍照，但我們鮮少看到一群男性互相拍照。一般來說除了職業上的需求外，男性幾乎不會認真幫其他男人拍照。

因此，如果你對某個男生很感興趣，發現他上傳到社群網站的動態，幾乎都是別人幫他拍的照片，那麼可能是以下四種情況。

剛分手沒多久的人

因為與前女友剛分手沒有多久，可能還沒來得及整理交往時前任拍的照片。男人對整理這種事通常不上心或很遲鈍，這種類型的人不算少數。

有很多往來密切的異性朋友

因為女性相對地比男性更會拍照，也更愛拍照，若經常與女性朋友聚在一起，自然也會有較多照片。

認識很多女人（紅粉知己）的人

經常聽到開玩笑說某人「認識很多女人哦」的情況就屬於這種。如果與這樣的人交往，可以想像心會有多累。

真的很喜歡拍照的人

不管去哪裡都會帶上三腳架，把相機立在腳架上，像別人幫忙拍照一樣。不過這種類型應該不多。

最後，我們來看看他上傳照片到社群網站的頻率吧。如果每天都上傳自拍照的話，那很有可能是個極度自戀的人。

總而言之，不玩社群網站的人就算了，若是適當經營社群的人，在動態中自拍照比起別人幫忙拍的照片多的人，與那種人談戀愛，自己費心思的機率會降低。不過每個人多少有差異，還是要考慮一下對方的個性。

Bad side

有資格分享我最好一面的人，
也會是一個可以承受我最壞狀態的人。

18／一定要認識的人與必須保持距離的人

與對某件事物上癮的人交往，如果他連自己的問題也無法處理，就不會有真正愛你的能力。

大家都勸你不要跟那個人在一起，但你偏偏為他著迷，總是受到傷害、疲憊不堪，想結束卻結束不了時該怎麼辦？如果無法輕易與錯的人結束關係，或是雖未遇過但想防患未然的人，可以參考接下來的內容，看看哪一種是你該認識的人，哪一種是該保持距離的人。

類型一——過度紳士的人

風度好的男人通常不會有太大的問題，但前提是並非對所有女人都那麼好。尤其是對女友的朋友特別好的男人，會讓你非常愁苦。有的男人因為不希望被別人討厭，而習慣性地對所有認識的人都好，風度禮儀就像身體的一部分一樣。雖然是無意識的舉動，但女人對那類舉動卻十分敏感。或許以男人的立場來看，會認為「對女朋友的朋友好，這不是可以加分嗎？」但站在女人的角度，看到男友對自己的好也表現在別人身上，不管那人是多麼親近的朋友，心裡還是會有疙瘩。

類型二——善於表現的人

在男女關係中，「表現」非常重要。因為不像家人一樣有血緣，而是兩個陌生人相遇後一同創造的關係。父母和子女之間，不需要每天表達愛意也沒關係，因為在共同度過的數十年歲月裡，雙方已經積累深厚的信任和愛。但是原本是陌生人的兩人，因互生好感而在一起，如果不好好表現情感，就無法讓對方知道自己的心意，也不能明確理解對方，久而久之一定會出現問題。

愛情是從理解對方、努力表達心意開始。與善於表達的人在一起，即使產生誤會，也可以盡快解決，維持和諧的關係。

類型三——勤於聯絡的人

基本上，最好避開會讓你一直等待，鮮少聯繫的人。並不是要你找個一天到晚抓著手機不放的人交往，但至少是不會讓你苦等，不會擔心的人。就算要你等，也會老實告訴你是為了什麼事而擔誤，從這樣的態度中可以看出他對另一半的關懷。沒有必要非得與不懂得關心你的人交往。

類型四——深陷酒、遊戲、朋友的人

沉迷於玩遊戲而無法自拔的人們比想像還要多，喜歡喝酒，或者交友廣闊、時時聚會的人也很多。喜歡喝酒、玩遊戲、與朋友聚會或許都是個人興趣，只要能適可而止都不會有太大問題。但是如果超越興趣、生活調劑的界限，開始成為「兩人關係」的問題，情況就嚴重了。那種人心目中的排序，戀人總是在後面。而且無法在適當範圍內控制飲酒和玩樂的人，

也代表他的自我管理能力值得懷疑。若是他遲遲沒有改善的意思，你就要當機立斷做選擇，是要繼續撐著默默承受?還是果斷放棄呢?

類型五——共感能力高的人

一般來說，男人比較缺乏共感的能力，女人則較容易因某些話語或行動而感動。例如，從男友那裡收到花或親手做的蛋糕，要說是因為收到禮物而欣喜，不如說是在腦中想像對方準備禮物的情景，令人更感動。

收下花，女人會想像男友在花店挑選苦惱的樣子；看著蛋糕，腦中浮現他特別找地方學習，親手做蛋糕的過程。但男人通常只著重在眼前的禮物上，不像女人會聯想前後脈絡，自然就缺乏共感。理解這種特性，在男人當中一定還是有心思細膩、較能產生共鳴的人，如果能遇到一個努力理解女人感受的男人，那就再好不過了。

一個能與你產生共感，並願意去理解你的人，相處起來不會有任何矛盾。若希望擁有一段可以長久維繫的感情，就選擇共感能力強的人吧。

類型六——有責任感的人

不單單只是努力做自己分內的事，在遇到困難時也不放棄，若能遇到像這樣意志堅定的人就好了。例如突然被公司資遣，仍努力以最快的速度重新投入生活前線，那種有責任心、有覺悟的人。

不過有無責任感需要長期觀察才會知道，很難一眼就看出來。責任感是選擇對象時的重點之一，平時再好的人，一旦發生什麼事就人間蒸發或落跑，那樣的人不值得信任。

老實說，要遇到具備這些要素的人並不容易，但同時也要避免與不適合的人相遇。愛喝酒、愛玩遊戲、重視朋友等這些問題可以改，不過像習慣對異性朋友表現親切、是否擁有共感能力，多是與生俱來的性格影響，所以不要再煩惱如何改變對方，乾脆直接與已經改變的人交往吧。

Right person

一開始就該與自己承擔得起的人交往。
交往前若有覺得不順眼的部分，
總是很在意的部分，
就算只有一項，
如果覺得無法承受，就乾脆不要開始。
這才是為自己著想的做法。

19／如何對應有好感卻不表白的他

不要苦苦乞求關心和愛，越是費力，對方會距離越來越遠。

「感覺他對我有好感，希望他能向我表白，但應該怎麼做呢？怎樣表現才不會讓他覺得有壓力呢？」

這個苦惱的答案，就是為何會如此苦惱的「原因」本身。為什麼希望他表白？這問題的關鍵在於必須是「那個人」，因為我滿腦子都是他，希望能和他順利發展，並不是想得到他的告白。

但是從男人的立場來看，答案更明顯。一個男人如果不想放棄喜歡的人，絕不會做出模糊的行為，當然也不會讓心儀的對象苦等自己的告白。

假使現在是告白的最好時機，而他錯過了，日後他很可能就不會告白了。另外，需要透過旁敲側擊才會向我告白的人，那個告白也很有可能不是出自百分之百的真心。現在該是做出判斷的時候，是要草率地要求對方告白，還是繼續等下去，繼續為了對方遲遲不告白而苦惱呢？首先，要掌握現實。

認識之後，
如果過了三、四個月還不告白，
他以後也不會告白了。

儘管如此，如果感覺自己太急躁了，就必須再等一段時間，也許對方也不確定現在告白會不會太早。

但是，如果對方也對我有好感、喜歡我，應該早就表白了，為什麼到現在還是沒有動靜？遲遲不表白意味著什麼呢？

有兩種可能，一是對方實際上並沒有考慮到那種程度，另外就是他是需要比較長的時間考慮進一步交往的人。對方是哪一種類型的人，必須自己判斷。

總之，如果覺得他的心並不完全向著我，就收起自己的心吧。若是覺得他還需要一點時間，那就再等等吧。即使自己說到口渴了，對方也不會主動遞水給你。雖然很殘酷，但這是男女關係的現實。覺得可惜的人要主動將手伸出去。

並沒有什麼方法可以讓對方毫無負擔地表白。現在口渴的人是我，就由我先開口吧，如果當我開口後，對方也是一樣的想法，就會爽快地說「好啊」；但如果他的回答是「還需要一點時間考慮」，你也只能選擇繼續等待，或者乾脆放棄。

率先告白的人，絕對不是為了在關係中成為甲方或乙方。最重要的是，在我所處的狀況下，如何在每個時刻都能做出明智的行動。如果在告白之前就為了「這樣下去我會變成乙方，怎麼辦？」而苦惱，這就證明了你根本沒想過和那個人真摯的關係。

甲乙方的關係在相互了解的階段或許是存在的，但是發展到真摯的關係後就不存在了。假如在有著深厚相愛基礎的關係中，還是有甲乙之分的話，那就是錯誤的關係。如果覺得自己成為乙方也無所謂，請先看看對方是否值得去愛，那麼就會得到答案了。

Together

兩個人都要專注在彼此身上。

只有一方熱衷，
兩人之間的事在周遭傳開，
會模糊了本質。

如果懷念自己以前的樣子，
那就不是好的關係。
如果一再為了對方改變自己，
最終只會感到疲憊。

20／若不想被喜歡的人牽著鼻子走

沒有人每分鐘都想聽到我愛你。再愚鈍的人也看得出來，對方是否只集中於自己。

雖然不是所有男人都一樣，但是普遍來說，假設是女方先主動表白，男人心裡並不會產生很大的感激之情。反而是自己先產生好感，而相處後對方也釋出好感，這種情況之下兩人的感情就會急速加深。

舉例來說，男人對女人沒有特別深厚的感情，在似有似無的情況下被女人告白了，但男人對那個女人的感情也不會因而輕易加深。

本身還沒什麼感情，
卻只因為別人說喜歡他，
而打開心門的男人，
非常罕見。

因此可以的話，慢慢給那個男人一些時間，讓他喜歡上你。並不是所有男人都可以輕易交出真心、與人交往。面對這樣的男人，一開始不要太投入，全心全意拚命去愛。很多女人一旦喜歡上某個人，就會陷入「如何才能讓他也喜歡上我呢？」這樣的泥沼裡。但是從男人的立場來看，如果對方從一開始就太認真，相對地也會感受到很大的壓力。

想想看，男人心裡正想著「要不要打開心門接受？」時，女人卻焦急地說「為什麼讓我混淆不清？」或質問「我們到底是什麼關係？」然後想整理關係，男人就會退縮想逃，因為這會讓他認定「應該不是她」，斷了想進一步交往的想法。

剛開始建立關係時盡量輕鬆一點，慢慢地放感情，讓男人也有餘裕愛上你。男人通常要先產生一定程度的關心和好感之後才會行動，一旦有了喜歡的女人就會勇往直前。像汽車之間要保持安全距離一樣，一開始與對方也需要保持一定的安全距離，只有這樣才能在爭取愛的同時守護自己。

第三章

那個人為什麼要這麼做

——守護自己、不再受傷的關係法則

21／最後獨自一人也沒關係

「為什麼好人總會選擇那些不在乎自己的人？」

「因為人只會接受自己認為值得的愛。」

——《壁花男孩》（*The Perks of Being a Wallflower*）

「怎樣才能談好一場戀愛呢？」

一直以來進行了許多諮詢，其中最常見的問題就是這個。何謂談好一場戀愛？長時間交往就是好嗎？還是單純地具有與很多人交流的能力就是好呢？想談好一場戀愛，歸根究柢是要具有「會談戀愛的能力」。不只是接受愛，也要懂得如何正確地付出愛的人，才是能談好戀愛的人。

會談戀愛的人，不怕失去對方。應該是說，即使對方離去，也不會感到遺憾。因為在與對方交往的時間裡，他是每時每刻都竭盡全力，努力讓對方幸福，製造兩人的美好回憶，並非一味要求對方給予。不期待對方會像自己喜歡他一樣多，不會過度渴求對方的愛，以自己的標準付出愛而非任人擺布，這樣才能談一場好戀愛。

聽到戀人說「分手吧」時，

我有勇氣回答「知道了」嗎？

「分手」，意指因為累積的痛苦或兩人不合拍的情況反覆出現，關係已經到了再怎麼努力也回不去的狀態。因此，根據面對分手時的反應，可以知道我是否盡了最大努力，有沒有好好談這場戀愛。

如果不尊重對方的分手意願，要求對方再給我一次機會、會好好對待他，那是極其自私的行為。這樣的回答無異於永遠不會真正改進錯誤，永遠都只是在反省。

分手時不強行挽留，意味著對自己的反省及對對方的尊重。所以，為了在對方提出分手的要求時能說出「知道了」的回答，在交往時每一刻都要珍惜、用心對待彼此，無怨無悔地愛對方，而且連自己深愛對方的樣子也要愛才有可能。這樣，才可以用「知道了」一句話，來代表自己真的反省和承認在戀愛期間對方所感受到的錯誤。

殘忍的是，所謂談場好戀愛，同樣也是具備隨時與對方分手的意思。懷著不管什麼時候分手都能心甘情願、毫無遺憾的心情，就能與愛的人相愛。所謂戀愛中的贏家，是無論什麼狀況都遊刃有餘的一方。不要不在乎對方，在交往中的每一瞬間都要無怨無悔竭盡全力，無論何時都要堅守自己的心，帶著自尊去愛對方，有勇氣放手的人才能真正地愛。

22／曖昧就像棒棒糖

「一直等待，不常表達感情，對方就會離開我。」必須拋開這種想法。你需要的是，提高自己的價值。

在相互了解的曖昧階段，無法了解對方的心意時，無論他如何表達好感，自己都會帶著懷疑：「他為什麼喜歡我？是真心的嗎？」無法完全接受對方的心意，尤其是當自己的感情超前太多或自尊感低落時，更會發生這種情況。

當自尊感低落時，心裡會產生不安全感，很想把對方綁在身邊，讓他成為我的。因為擔心對方會離開，心裡一急就開始無理取鬧，不管對方的感受，像自顧自地走在前面，因此，在曖昧的時候，更需要耐心等待。

從感情的速度來看，女性即使確定邁入交往階段，很多人還是會在到底要不要打開心門之間游移不定，女性的感情溫度通常是慢慢上升的，男性的感情則通常是一下子便燃燒起來。雖然也有人是一旦覺得「這個人實在太好了，一定要和他交往」，立刻做出行動的人，但即使進入交往關係，也很少有女人會一開始就把全部的心都交出去。

很多人在相處一陣子之後若感覺還不錯，心裡會有「現在應該可以敞開心扉」的想法。但在這種時候，如果對方表現出過於急躁的態度，反而會和以前交往過的人比較，也會讓人心生猶豫，產生好像還是沒那麼適合的感覺。

越是曖昧的階段，
越要等待對方。

心裡焦急的時候，想像一下吃棒棒糖時，如果一塞進嘴裡就咬會怎麼樣?當然會牙疼。那麼硬的棒棒糖，想一口咬碎是很費力又傷牙的事，應該是要含在嘴裡慢慢感受，隨著糖果慢慢融化，品嘗甜美的滋味。曖昧也是如此。

應該拋開要是自己一直等待而不常表達感情，對方就會離你而去的想法。你需要做的是提高自己的價值。

他是因為喜歡我才會跟我在一起吧，但如果會因為我不常表達情感就離開的人，那他遲早會離開的。若一直在腦中苦惱的話，原本可行的事情也會變成不行。

要時刻記住，曖昧就像吃棒棒糖一樣，不能一口咬下。只要記住這一點，在關係初期就不會發生違背心意的事情。不要著急，慢慢來，一切都找到適當的平衡點最好。

23／初次見面就識破對方的祕訣

這個人適不適合交往，應該在初見面時就能分辨。從對方細微的舉止中，是否體貼、有眼力，氣質和個性如何，基本上就能看出端倪。

「他就像電視劇《浩九的愛情》裡的傻浩九一樣，常常為了其他朋友的事而不惜延後跟女朋友的約會。在屬於情侶的紀念日，如果單身的朋友找他，他也會義無反顧地前去，我們交往了四年，什麼紀念日都沒有一起慶祝過。甚至為了其他女性友人的生日，我們沒去餐廳吃飯，反而要我去幫忙買手機……。」

這是某位讀者在四年間，與一位過度照顧他人的「風度男」交往的經歷。具有紳士風度的人，也會是個好戀人嗎？雖然大家都說人心複雜，很難一目了然，不過還是有些小祕訣，讓你可以在初見面時就看穿對方。

在第一次見到對方時，要注意以下幾點：

傾聽的態度

在交談時他是如何傾聽的？有什麼反應？是聽我把話說完，還是會中途打斷別人，自己暢所欲言？我說話時他會直視我的眼睛嗎？

在對話過程中，有時會發生雙方同時想說話，結果導致對話節奏中斷的情形。這時會請對方先說的人，除了懂得尊重、照顧他人之外，本身的自制力也高。在交往時基本上不會做什麼對不起另一半的事，是可以長久維持關係的人。

有的人話不多，但是能整理好自己的想法，條理分明地表達出來，與話很多、總是花言巧語的人相比，雖然感覺好像比較無聊，卻是謹言慎行、值得信賴的人。

興趣類型

對方與我有沒有共同的興趣？他會不會太專注於興趣而冷落我？他會不會在興趣上花費太多錢？這些都是展望將來關係的重點。即使是微不足道的興趣，也是體現一個人性格取向最簡單的度量衡。若無法接受，日後可能會成為引發爭吵的矛盾種子。

對待他人的態度，對菸酒、遊戲的沉迷程度

無論外表再怎麼打扮，從對待他人的態度，就可以一窺其無意間表露的真實性格。例如在初次見面的場合，觀察他對待服務人員的態度，就可以看出是否厚道，會不會在背後議論別人或做出不禮貌的行為。懂得尊重的人，行為舉止自然不會隨便輕率，這在駕駛習慣上也能看得出來。

另外，對喝酒、抽菸、玩遊戲等若適可而止那就沒有問題，但如果太沉迷了，最終還是會對兩人關係造成傷害。有機會可以和對方一起喝酒，觀察他喝醉後的狀態也是好方法，有時可以發現隱藏的一面，比如變得暴躁、容易口出惡言等。

對手機的依賴程度和吃飯的速度

明明沒什麼事，聚會時卻總是盯著手機的人，日後真正交往很有可能會把另一半晾在一旁。反覆查看手機，表示他認為有許多事比現在坐在他面前的人更重要、更有趣，這樣交往時很容易因為朋友關係、他個人的其他活動給另一半帶來壓力。

如果在用餐時觀察到兩人速度差不多，即使看得出來他刻意配合我，那也是為了表現出關懷所做的努力。若兩人一起吃飯，他自顧自地一下子就把飯吃完，然後發呆或滑手機，就該考慮一下要不要進一步發展了。眼力、體貼的程度是可以觀察的重點。

誇耀自己的頻率

第一次見面時彼此可以分享的話題並不多，因為不熟悉，所以會小心翼翼，避免過於涉及隱私或深入討論某些特定主題。不過總是會有人在第一次見面時就毫不掩飾地炫耀自己。

以誇張的動作來突顯自己，或者表現出過度自信的人，反而可能是個沒有禮貌、自尊心低落的人。不管本身條件再好、再優秀的人，如果因此自滿，不可一世，那麼也不值得深交。

第一次見面，從某種意義上來講就好像一種「面試」，只要遵守基本禮儀就不會有太大的問題。如果連基本禮儀都做不到，第一關就被淘汰是理所當然的結果。不過這世上有很多連基本待人處世的態度都不具備的人，甚至也有連基本是什麼都不知道的人。

Don't get hurt

不要專注在太瑣碎的事情上，
不要因此而受傷。
無論何時抓住自己的中心才是最重要的。

「讓我感到失望的部分也是那個人的一部分。」
能這樣想心裡就會好過一點。

如果一開始就討厭那種樣子，
那麼就不要開始。

表達和共鳴的能力、

與人聯絡的頻率、菸酒、遊戲、朋友等問題，

看似可以調整改善，

但其實很接近與生俱來的性格。

所以別想改變對方，

乾脆與已經改變的人交往吧。

24／如果自己成為漁場裡的魚

真心必定會表現出來。當內心有喜歡的情感，懂得坦率表達「我喜歡你」、「我想見你」的人，是真心的。

許多交友模式有如「漁場管理」*的人，大部分都不承認自己的行為是「漁場管理」。這類型的人，在人際關係中通常很極端，不是大好就是大壞，會很確實地排除不符合自己標準的人。

舉例來說，如果遇到不符合自己喜好條件的異性，一開始就會迴避，不會給對方機會，但若是遇到符合自己的標準，不想錯過的人，則無論如何都會想把對方變成自己的人。

若是遇到雖然第一眼不甚滿意，但也不至於需要完全排除可能性的人，他會採取模稜兩可的態度，繼續維持親密友好的關係。

這種對「還不至於要完全放手」的對象維繫關係就是漁場管理，因此

---

*「漁場管理」是韓國新世代的流行語，男女都適用，意指有許多異性好友但無固定交往對象的人，那些異性好友就像養在魚池裡的魚一樣被管理著。

在習於漁場管理的人身上常看到他們表現出曖昧的態度。

老實說，這種人是不該接近的對象。

懂得適度展現柔情卻不越線的人確實很有魅力，若想將他收服，用類似的手段對待他也是一種方法。你可以堅持這樣的立場：「不只是你，還有其他人也對我有好感。所以你對我來說並非是最特別的，不過也就是我認識的眾多朋友當中的一個，不會比這更多了。」用這樣的方式反而可以吸引對方。

如果表現出「以前從沒有人向我表達過這樣的善意，真是讓我怦然心動」，那就必須認清，擁有漁場的他就會毫不留情地離開。

如果感覺到，我成為對方漁場內的魚之一時，當務之急，就是立即掌握對方的性格。

漁場的問題不僅存在於戀愛中，還可能存在於所有人際關係裡。如果突然捉摸不透對方的心時，不確定對方的感情是真是假時，最佳的解決方法不是把焦點放在「我」，而是放在「他的傾向」上。在當前所處的情況中，了解對方的想法和傾向，就可以找到所有人際關係問題的線索。

25／年齡差距很大，沒關係嗎？

至少擁有最基本的經驗，等時候到了，即使是年齡差距很大的戀愛，也為時不晚。

戀愛雙方年齡差距很大在現代已經是很普遍的情況，很少會有「絕對不要和年齡差大的人交往」的想法。我也相信，年齡對愛情來說並不重要，但如果男人都快到三十五歲了，要和二十歲這樣的年輕女孩談戀愛之前，還是希望能夠仔細考慮一下。

在二十五歲前，我建議談與自己年齡相符合的戀愛。並不是說到了三十歲的時候，和四十歲的對象談戀愛有什麼問題，這種情況根本沒必要勸阻。但是，在二十歲出頭的時候，如果能遇到年齡相仿的人，在精神年齡差不多的階段，一同思考當時遇到的狀況，共同解決遇到的問題，只有這樣，才能在克服困難的過程中學到更多的東西，擁有識人的眼光，建立更好的關係。

與同年齡的人交往，試著經歷彼此可以容忍和不能容忍的點，感受你們怎麼去修補問題與無法修補的結果，在這過程中逐漸成熟。

如果剛談戀愛就遇到年齡差距很大的人，就較難經歷這些，像坐上高鐵直達車一般，一下子就到達終點。彷彿念完小學，跳過初中、高中階段，直接進入大學，這樣不就沒有機會經歷在每個時期可以經歷和學習的事嗎？戀愛也一樣。好的戀愛不單單只是戀愛，而是會留下對我人生有幫助的刺激和領悟。

希望遇到能夠一起成長的人，
並談一場讓自己變成熟的戀愛。

對目前進行的戀愛有著堅定信念的人，絕對不會問：「這樣做好嗎？」「那樣沒關係嗎？」「我們年齡差距很大，可以嗎？」當你提出這些問題時，意味你本身對這段感情就不確定了，最後的結果只會是離別。

或許在某些人的眼中，年齡差距多少存在著爭議，但只要你們彼此對於這段關係是確定的，就堅定地把理由說出來吧。

26／第一次見面場所的意義

有疑心就不要愛了。第一顆扣子就扣錯只會一錯再錯。戀愛也一樣，只會越愛越疲乏。

雖然不是所有的關係都這樣，但以一見面就吵架最終分手的情侶為例子來看，幾乎從第一次見面開始就有了矛盾。與某人從相識、相戀到分手時，才看到對方不曾展露過的本性，這時回過頭從最初開始反思，就可以明白為什麼會有這種結果了。

其實在夜店認識、最後結婚的情侶也很多，所以很多人說在哪裡認識彼此的並不重要。我也曾認為，無論在什麼地方、如何結識戀人都不重要，不過後來接觸到許多讀者的例子之後，我開始思考兩人相遇的場合，是否會成為關係走向終結的關鍵這個問題。

如果連自己都感到羞赧，
無法坦然說出跟對方初識的場合和情景，
為了繼續維持這段戀情，

你必須要更努力。

如果你很在意與對方初識的場所，現在就請改變這個想法，因為這可能會成為在與對方交往過程中一直梗在心裡的疙瘩。否則，就不要在自己完全無法接受的場所開始任何關係。

Problem

遇見某個人，出現了一個持續費心的問題。
已經到了可以，反覆對別人傾訴的地步，
那麼這段緣分應該是百分之百緣盡了。

27／關係發展太快，心也會很快冷淡嗎？

不管親密關係進展得快還是慢，該離開的人總有一天都會離開。

如果關係發展太快的話，對方的心也會很快就變冷淡嗎？我認為，重要的應該是，如果對方真的是個不錯的人，他的心並不會因為關係進展與否受到影響。

當然，如果對方原本就是以發生關係為目的接近你，並在短時間內就達到目的，失去新鮮感後，對你的心很可能就冷卻了。也有人會因此覺得你是很隨便的人，每次見面腦子裡想的只有上床。問題的源頭在於你遇到的人是這種人嗎？

如果不是，一般來說，發生關係的速度和心的速度是不一樣的。也就是說，不管發生關係得早或晚，會長久相愛的人就是會在一起，會離開的人終究會離開。不管是在戀愛或者曖昧中的人，只要是抱著真摯的心與對方發展，會因為關係發生得太快而分手的只占極少數。

也有一種狀況，在發生關係之後，才發現對方和我很多方面不合適，那麼就應該重新思考今後的發展。如果發生關係後，對方表現出過於執著或迷戀的態度，內心也可能會有負擔而讓感情迅速冷卻。

雖然有很多種狀況和原因，但關鍵還是在發生關係後對彼此的感受，會影響兩人感情是變得更深厚，或是急速冷卻。有時並不是彼此犯了什麼大錯，純粹可能是出於某種無法用言語表達的不合拍。

在進行身體接觸之前，
要能清楚地區分，
對方的甜言蜜語，
是不是只為了和你發生關係。

如果對方只因發生關係與否而對你熱情或冷淡，這在根本上就意味他是個垃圾，這種人本來就該排除。因為性關係只是複雜的人際關係中的一部分，並不是全部。

相反地，總在苦惱「如果太早發生關係，而導致他離開我，那該怎麼辦？」甚至為此感到羞愧，那才是更大的問題。隨著兩人的愛意逐漸加深後再發生關係，這是理想中的發展，但即使在互有好感的初期就發生關係也不是罪過，反而可以幫助彼此互相了解，讓拘謹的雙方迅速變得親近。

萬一對方在與你發生關係後離開，最好不要過於介意。即便當初你們的關係沒有發展得那麼快，他總有一天都是會離開的人。

28／從身體接觸看出一個人是否體貼

在交往的關係中，彼此不可能所有條件都契合。如果只有某一方主動突擊，他很可能沒那麼照顧對方的感受。

「沒有身體接觸的戀愛，在看不下去之前趕緊結束吧。」

這是藝人韓惠珍在電視節目中說的話。身體接觸這種事，說重要很重要，如果自己不介意，就不是個問題。但是有很多情況是，兩個人長時間交往累積了信賴，經過真摯的相處，卻在發生關係之後感覺「不是這樣」，之後身體接觸反而成為彼此的痛苦。

在與對方發生關係之前，有什麼方法可以先了解彼此是否合拍呢？雖然有各種民間傳說，也沒有一定的說法，不過我個人認為兩人相處時的「感覺」會左右很多事情。感覺，即指根據五感中的視覺、聽覺、嗅覺、觸覺的反應，可以推測雙方在身體上的契合度。

身體條件很多都是與生俱來的，我認為可以了解對方感受的最佳方法應該就是接吻了。肢體接觸包含牽手、擁抱、親吻等，憑著一些姿態、表情，雖然可以抓住大致的感受，也很難原封不動了解對方感受到的細膩情感，因為很多都是一閃即逝的。但是接吻，是透過身體非常直接的親密接觸，通常會持續一定的時間，所以能傳達更深、更多樣的感覺。

接吻的時候可以聞到對方的香氣，可以觸摸對方，可以滿足五感中的很多部分。同時，直到接吻結束的這整個過程代表了很大的意義。如果不是在氣氛成熟、彼此都同意的情況下進行，而是只有某一方主動突擊的話，那麼在日後發生進一步關係時，他很可能就不會照顧對方的感受。

如果在接吻的過程中，雙方都有彷彿電流流過、極度興奮、歡愉的感覺，接下來到了發生關係時，這種熱情也會維持下去。相反地，如果接吻後沒有什麼感覺，兩人中只有一方感到興奮的話，那就有問題了。在彼此的感受不協調的情況下，延伸的關係當然會不合拍。

在交往過程中，不可能所有條件都很合。也許兩人接吻時配合得很好、都很享受，並不代表其他所有肢體方面的接觸也都很契合。但有一點可以確定的是，有些人接吻很合得來，但其他身體接觸並不協調，這種情況是有可能的；但是接吻方面不合，其他身體接觸卻配合得很好的情況幾乎是零。

29／有些失落，是自己給自己的

不要感情用事，要確實做到有始有終。輕輕地、慢慢地，從培養與人交往的能力開始。

真摯的交往過程中，一定會發生令人不悅的事。當感覺到對方的語氣和行為與剛開始交往不同時、希望對方尊重自己的隱私時、感覺對方的關心總是晚一步時；當對方認為自己的行為都是正當的，而我的行為就是自私和固執時；當對方與朋友見面聯繫的態度，與跟我在一起不同時，這些時候都會產生失落不悅的情緒，累積起來就會對於這段關係感到疲憊。

在向對方坦白自己的感覺之前，你可以先想想，現在對方還會經常找我、持續對我傾注感情嗎？他有沒有其他心理上、時間上急迫的事，或是有其他需要處理的事情呢？

當然會希望對方可以時時把我放在最優先的位置，但實際上，我們無法要求對方把包括愛情在內的所有情感，全都投注在我身上。

在向對方抱怨之前，可以先看看他做了哪些努力。或許他已經盡力配合了，但如果你仍不滿意，只是不斷抱怨、責怪對方，也許對方原本想配合你，到最後也會心灰意冷而放棄。

這並不是說要一味忍耐，壓抑心中的失落或不滿，想說對方是因為忙所以才會那樣，無條件接受一切。只是你必須先分析，現在對方所犯的錯是否應該遭受批評。在發洩情緒、抱怨責怪之前，最好先權衡一下他的錯有沒有那麼嚴重。

如果冷靜下來想想，也不是很嚴重的錯，不過心裡還是對他有些不滿，這種狀況也有可能是因為自己太過於依賴對方，這對你來說並不是好現象。很多人會因為不想讓自己有失落的感覺而主動做一些事，但你其實沒有必要為了那種感情而痛苦。

與某人建立關係，

感到失落時，

有很多失落，
其實不是對方給的。
或許自己才是製造那種感受的人。

雖然對方確實是原因，但如果仔細思考分析過，會發現很多苦惱都是自己產出的結果。如果對方不是有意為之，而你卻覺得失落或難受，那麼可以從兩方面來看，你們之間存在著錯誤的關係。

第一，如果對方確實犯了錯，讓你感到失落，那這段感情本身就是錯誤。你要繼續跟屢次犯錯的人交往嗎？

第二，如果是因為過於依賴對方，或喜歡對方的心太強烈了，而容易感到失落，那麼解決問題的關鍵就在於自己。

不要針對一些小事不停賦予意義，這樣反而會受到傷害，無論如何，都要抓住自我的中心。「連讓我感到失落的部分也是那個人的一部分」，這樣想心裡會舒服一些。但如果無法接受，最好還是不要開始。所有戀愛問題只要從自己身上找答案就可以了。我不是一個沒有價值的人，不該因為他而總是失落、不安。如果他會因為這樣而離去，那麼這就不是屬於我的緣分。必須艱難維持的關係，最終可能變成對我有害的關係。

稍微減少花在對方身上的時間，多放一些心力在自己身上。戀愛是兩個人在一起很幸福，但一個人也不孤獨。內心有餘裕時，自己和對方才能都不感到厭倦，維持長久的關係。如果只是為了消除一時的孤獨感而便宜行事，最終雙方都會感到厭倦和疲憊，這時候應該提醒自己，必須先讓自己幸福才對。

別忘了，因為有我，所以才有他，他並非我存在的唯一理由。

第四章

如果享受孤獨卻又害怕分手

——離別與相逢，與分歧的心說再見的方法

30／總是從對方那裡感覺到什麼

頻繁浮現不祥的預感，已象徵了關係的裂痕。如果覺得不是這個人，就果敢地斬斷緣分。我們都需要練習。

「真的不能無視我的第六感。不知從何時起突然常感到不安，感覺會有什麼事在幾天內爆發，看來真的走到盡頭了，不久後就會分手。我很想否認這種感覺，一直忍著不想承認事實，但結果總是我被甩。這是最令人無奈和後悔的事。」

原本交往得很順利，突然間對方做出與以前不同的行動，時常出現前後矛盾的狀況，自然會產生不祥的預感。這就是所謂戀愛中的「第六感」。這種情況下浮現的第六感最後幾乎都會成真。

既不是對感情過於執著，也不是會懷疑自我的人，但某一天突然有某種感覺強烈襲來的話，我認為那種感覺有百分之九十以上的機率是真的。

若只是偶爾出現一次，也許會覺得「應該是我想太多了吧」，但如果那種感覺經常出現，成真的機率會漸漸超過百分之九十，達到百分之百。關於好事的預感不會成真，但壞的預感卻一定會實現，那是因為壞的預感其實都是「有依據的直覺」。

反覆的謊言、閃爍不定的瞳孔、慌張的語氣、忙碌的行程、毫無意義的約會、頻繁地與「他人」聚會……若這些根據不斷出現，即使你想相信對方也很難。這樣常常帶給你那些感覺的人，你要繼續與他交往嗎？

你應該與不會讓你不安、即使不在身邊也能讓你放心的人相遇，為什麼要把寶貴的時間浪費在會讓你起疑心的人、常常做出曖昧行動的人、讓你產生自責感的人身上呢？常常讓你產生那些不安第六感的人，根本就沒有繼續交往下去的價值，而他所採取的行動的真正意義，也就只是你「眼中所見的那樣」而已。

之所以會產生第六感，
證明了我的心感到不安、不自在。

所以沒有必要，
與不能讓我心安的人交往。

我的第六感有可能錯了，有可能誤會了；但那個人也可能是真的犯了錯，所以才會有不好的預感。不過這些都不重要。「浮現預感」這件事本身，就代表有些問題。當經常產生不祥預感時，表示雙方關係已出現裂痕。如果你緊緊抓住腐爛的繩子，就沒辦法抓到黃金繩子。若是一段關係已經讓你感受到壓力，那就不是一段好緣分了。

31／因頻繁發生的爭吵而疲憊時

當爭吵似乎要開始，當情緒一下子衝上心頭時，在怒氣爆發之前暫時停下來，自己揣摩看看，為什麼會心情不好。只要能看清問題的本質，爭吵就不會開始。

最近經常吵架起口角該怎麼辦？在決定換個對象之前，先要認清問題，開始改變。吵架的原因總是因為想讓對方符合我的標準，但我們其實無法改變他人，反而是由於他人，我們才能改變自己。

不管是為了什麼問題與對方爭辯，只要對方不承認錯誤、不想努力，什麼都改變不了。因此，在爭吵的過程中，重要的是你要先認清：「你只是給對方認知錯誤的機會，要抓住這個機會或是錯過，都是對方自己的責任。」另外，在向對方提出某種要求時，我們也要做好為了對方改變的覺悟。

似乎要開始爭吵時，必須先給自己一點空檔，停下來思考為什麼會吵架。在情緒如火般高漲之前，讓我們停下腳步，站在旁觀者的立場上思考問題的本質，那麼爭吵很可能就不會開始。

即使起了爭執，最好也不要想一下子就試圖把所有問題都解決。戀人間的任何問題都無法在短時間內消弭解決。等雙方冷靜下來，彼此都回到可以理性交談的時候再對話。沒有理由在珍貴的幸福時光中，卻因為爭吵而必須傷心地度過。

就算我努力理解對方，
但還是頻繁爭吵，
代表他並不想為了我而改變自己。

這是最明快的解釋。如果他為了我，可以有改變的空間、有改變的勇氣，那麼就不會發生那些爭執。但若是持續做出會吵架的行為，讓人感到不悅、傷心，就表示對方根本不重視我，同時他也並未意識到自己的錯誤，並不是適合交往的人。

可以確定的是，若兩個人經常吵架然後又和好，反覆發生這種情況，本身就是個錯誤。經常吵架已經是錯誤關係的信號，是失敗戀愛的證明，多數幸福的情侶是極少會吵架的。

32／欲擒故縱 最好用在危急關頭

欲擒故縱就如同心肺復甦術。但如果刺激太頻繁，關係只會破裂到無法挽回的地步。適當的時機和適當的方法，這就是全部。

「什麼時候使點欲擒故縱的手段最好呢？一定要那麼做嗎？」我收過很多這樣的疑問。我要強調的只有一個重點，就是要不要「欲擒故縱」，沒有一定的公式。

大部分人有了喜歡的人之後，通常會在建立關係的初期想用欲擒故縱的方式，但這是錯誤的想法。

欲擒故縱並不適合用在關係初期，
應該在關係中期，面臨危機時進行。
那種時候才是展現自我魅力的最佳時機，
那是可以喚醒對方珍視這段關係的機會。

簡單來說，每天在常去的地方約會，吃差不多的食物，漫無目的地聊天，這樣日復一日，就像持續看同一部電影一樣無聊。這樣的關係早晚會面臨危機，而這種時候才是透過適當的欲擒故縱來向對方展現魅力的最佳時機。

舉例來說，女方喜歡男方更多，因為很愛男朋友，所以減少和自己的好友們見面，不太參加別的聚會，一有空就只跟男朋友約會。整天好像什麼事都不做，沒有男友就活不下去的樣子。如果週末原本要約會，男朋友卻突然說：「臨時有事所以不能見面了。」就會整天無所事事地度過。這樣的人真的很多，但這樣下去只會讓對方對這種關係感到厭倦。

這個時候要怎麼欲擒故縱呢？總是隨時待命的女朋友突然說要跟朋友聚會，而將原本與男友的約會延期；或是女朋友原本注意力都放在男友身上，約會時變得常常察看手機，對方就會遲疑：「什麼呀？她怎麼跟之前不太一樣？」「以前週末常常約會，現在到了週末卻總說跟朋友有約，為什麼突然要去找朋友呢？」

這種欲擒故縱的戰術反覆出現一、兩次，是讓對方重新感受你魅力的策略——如果每次都這樣，會讓對方感到不開心，說不定會適得其反。對於與過去不同的關係模式，對方會先產生「為什麼這樣」的疑問，接著就會在內心升起危機感和警戒。如果不想錯過你，他就必須做得更好、更善待你。在關係出現危機時，欲擒故縱才有意義。

不過在欲擒故縱時仍要遵守最基本的禮儀。不要越了線，做出損害關係的行為。

Waste time

別想改變他人，
因為無法改變，
絕對無法……

心想「他應該會改變吧？」
這樣過了半年、一年，
只會讓自己更痛苦而已。
別為了無謂的希望浪費時間。

應該與平時不會讓你不安、
即使不在身邊也能讓你放心的人相遇。

為什麼要把寶貴時間浪費在會讓你起疑心的人、
常常做出曖昧行動的人、
讓你產生自責感的人身上呢？

常常讓你有那些不安感的人，
根本就沒有繼續交往下去的價值。

33／不再愛我的信號

哪怕只有談過一次戀愛的人，也能明確地知道真正的愛是什麼。這個人和我合得來嗎？為什麼不聯繫呢？可以繼續交往嗎？不安和懷疑的心，是這一瞬間出了問題的危險信號。

「有一次在無可奈何的情況下與前男朋友碰面，即使不像以前交往的時候，但也有簡單的肢體接觸、打打鬧鬧的，讓我一時產生錯覺，那樣子算什麼呢？」

有人分手後再見面時會做出模稜兩可的舉動，讓對方燃起回頭的希望。另一方面，有人則是在交往過程中，會不時帶著「你真的愛我嗎？」這樣的懷疑。明知道不能因為他的舉動而心生動搖，但還是會忍不住想問，自己到底算什麼？

他現在的行動並不是有意要復合，卻讓人容易誤會。那個人天生就是這樣，是我自己陷入「這是什麼意思?他是愛我的嗎？」這樣的錯覺。

挖坑的人常常是自己，
而非對方。

只有自己陷入愛情時，
最可怕的就是錯覺。

如果交往時累積了深厚的感情，分手後再重逢時會因為尷尬而避著對方，無法輕鬆地交談。怎麼還可能打打鬧鬧，甚至有輕微的肢體接觸呢？當前任這麼做，是沒有意識到他的行為會給你帶來什麼影響，他根本沒有想到「這樣的舉動，可能會傷了你的心，應該要小心才是」。

但另一方面，也有人認為：「雖然不是男女朋友了，應該還是可以當朋友吧？」

我要強調，一個人如果真的愛你，是不會做出讓人混淆的行動。而且對心愛的人和一般朋友，是絕不會有同樣的想法，也做不到。

人在愛情上很單純，只要是真正相愛的人，無論多忙，哪怕是只有一秒鐘的空檔，也想立刻去見心愛的人。如果他不打電話，那是因為他並不想你。如果你因為他沒打電話給你而心急如焚，或是他以忙碌和疲憊為理由而不跟你約會、或很少聯繫，而你每天都過著不愉快的日子，總是陷入只有自己一個人的錯覺中，那麼就應該承認，他不再愛你了。

男人並不複雜。
因為不想見面。
因為不想在一起。
因為不再愛你了。

34／戀愛不一定只會帶來幸福

別費心思改變他，反正改變不了。為了你的人生，不要再浪費感情和時間了。

如果懷疑自己是否有好好談戀愛，最好的方法就是自我回顧。如果這段戀情是錯誤的，周圍的各種情況都會出現危險信號。不僅是戀愛，工作和家庭關係、人際關係也會出現問題，一切會變得複雜起來。當然，事情會根據自己的能力而有不同發展，就看你傾注了多少關心和如何處理，人際關係也會有所不同。但大致來看，如果不是別的因素，而是因為戀愛過程中受到的影響，讓工作、家庭、或人際關係等方面出現問題，自己也變得很痛苦，那麼有必要認真思考現在的戀情發生什麼問題。

這場戀情，對我有幫助嗎？

陷入愛情時，無法否認戀愛會對自己產生影響。如果遇到錯的對象，可能會讓你貶低自我，甚至跌入人生的谷底。但如果遇到好人，就能發掘出比想像中更好的自己，這就是戀愛。

回顧和那個人的相遇，
從開始到最後，
若發現從某個時間點開始，
周圍一切變得很不順利的話，
現在進行中的這場戀愛，
錯誤的機率很高。

與真正合拍的人談戀愛很容易產生共鳴。當與適合自己的對象談戀愛時，生活中的事情會神奇地進展順利。你不會因為戀愛而痛苦，自尊感也會上升，即使分開，只要一想起對方就有幸福的感覺，所以每天都能充滿活力地努力生活。

若是產生了「身邊有些不談戀愛的人，他們看起來也很幸福，為什麼只有我無法真正開心地笑呢？」或「談戀愛為什麼讓我感覺更不幸福？」這類感覺，為了你的人生，最好別再浪費時間在這段感情上了。

35／如果不覺醒，只會一直受傷

剛開始對你很好，但隨著時間過去而改變的人，不要接受他。你有機會遇見更好的人，要放棄這樣的機會嗎？明明不會實現卻仍給你希望、讓你痛苦，要繼續受傷嗎？

不管建立什麼樣的人際關係，不想要被對方利用，就必須建立自己的價值觀和標準。若是以「看起來像是個不錯的人」這種模稜兩可的標準被對方吸引，在關係中很容易成為被利用的一方。

只要記住一點就能愛了不受傷。男人在真正喜歡的人面前會變得拘謹，每一個舉動都會格外小心翼翼。相反地，對於非自己理想型的女性，反而會更加積極地去接近。

但是大部分女性都反過來想，認為男人會如此積極接近的理由只有一個，就是我對他來說是個不錯的人。尤其是在戀愛初期，因為還不了解對方，所以很容易被左右。但在旁觀者的立場來看，不主動聯絡，勉強的情況下才會傳個訊息，就可以看出那個男人有多少誠意。對於交往的當事人來說，通常看不到那個男人明確的本質。在與他交往期間，要冷靜分析他在回覆訊息時是只有短短一句還是表達很多？有沒有誠意？多久會主動聯絡等。

不過還是會有人任憑對方擺布，為什麼會這樣呢？因為他們會自己合理化，替對方找理由，例如「他本來的性格就是那樣」、「他本來就不是會常常主動聯絡的人」、「那樣也是有可能的……」。

不管對方說什麼、做什麼，全都容忍。因為認識這個人沒多久，對他了解的不多，所以對方說的一切我全都相信。但如果不是交往中的人，對於這樣的行為，最先想到的其實會是「原來你沒那麼喜歡我啊」！

第一次看到對方時產生的感情，
就是那個人的本質。
所以不要自我合理化，
因為就是從那裡開始被利用的。

另一個重要的關鍵是「親密接觸」。男人如果真的喜歡某個人，認為非這個人不可的話，並不會急於與對方進展到親密接觸的關係，會小心翼翼地等待、守護。

「他都不會對我做些親密舉動，真是快悶死了！」會讓女人有這種感受的男人，是真正喜歡卻不知所措的男人。在親密關係中小心翼翼的男人，才是真心珍惜、愛護對方的人。

Your own life

克服了離別傷痛的人們，
會認清離去的戀人絕對不會回頭，
並努力過好自己的生活。

像從未受過傷一樣去愛，
分開後就像沒有明天一樣，
竭盡全力活下去。

如果無法做到的話，
就只剩長時間的傷痛了。

與其為了重逢花心思，
不如把時間用在與其他人相遇上。

對人生有實質幫助的事物，
非常非常多。

比起以前交往過的那個人，
世界上還有很多人，
有值得學習的地方。

36／重逢的人無條件會分手

聯繫、異性朋友、酒……在這些方面一點都不讓你擔心的人，一定會出現。當彼此成為包覆對方的器皿時，那時戀愛才真正開始。

有一首歌叫〈美麗的離別〉（아름다운 이별）。世上真的有美麗的離別嗎？「離別」本身很難是美麗的，但是也沒有必要結束得很醜惡。就像歌詞說的「愛情是悲劇，你不是我」一樣，所有離別都必須由一方先提出，另一方只能接受，所以大部分都是單方面的悲劇。所以，為了也許會因為離別而受傷的我，必須做一些努力。

對方先提出分手，這表示他已經筋疲力盡，想放棄這段關係，對我再也沒有任何情意了。那麼當對方提出分手時，應該怎麼做？

分手，應該是在無論對方與誰交往，我都可以內心平靜、毫無遺憾的時候。不能還存著可惜、遺憾、希望挽回……這些想法。如果覺得放不下，即使拋棄自尊也想和他繼續在一起，那就明白向他表示吧。但若表白了，對方的心意仍沒有改變，代表他是這樣想的：

「與這個人分手後，
我想跟別人交往。
這個人若是有了新對象，
我也完全不在意。」

在這種情況下，除了接受分手之外，別無他法。真正愛我的人，只要我抓住他，他必然會留下。如果要三番兩次跟對方溝通，感覺就像在乞討一樣，而對方始終沒有改變決定，那麼這種不和諧的關係，就應該立刻清理掉，否則就算再往前走，也只是陷入泥沼不可自拔。這種時候，應該乾淨利落地整理自己的感情。

有人在分手後沒多久，還是覺得非他不可，除了他不會有別人愛我。一個人在家裡痛苦地想「他是不是有新歡了？移情別戀了？」，獨自承受壓力，每天折磨自己。被分手的人如此在意，是很自然的反應。

但是你早已不在對方的眼裡了。就像「不在場」一樣，他已經不想你、不愛你了。即使你過得再痛苦，對方仍然逍遙自在，所以應該打起精神、振作起來，展開屬於你的新戀情。

對方和我心意不相同，所以才會提出分手。如果心裡還留有愛意，對於將來我可能與其他人交往會很在意的話，是絕不會輕易說分手的。即使感情真的有問題，也會願意留下來好好溝通。

如今是該送那個人離開的時間了。要自己守護自己，如果不想展開新戀情，就更加努力工作或運動，到書店尋找喜歡的書，提升自我。專注在自己身上、傾聽心聲，如果覺得心裡的疼痛似乎消退了，就客觀地回顧逝去戀情的始末吧。「原來我當時那樣做，他可能會有那種心情。」好好地承認彼此的差異。雖然心很痛，但是未來該怎麼做，還是要自己判斷。和這個人的關係結束了，並不代表未來所有戀愛、整個人生都結束了。這種時刻，比起感性，更應該依靠理性。

等到半年、一年過去，再回顧這段時間你為自己做的努力，會發現這段過程帶來寶貴的經驗。

最後，我想告訴大家一個意外的事實。我長期收到讀者們傳來這類提問，有許多人在事後留言給我說：「多虧了你，我才能和那個人和平分手。現在心情好多了。謝謝。」但是有一種回應是我從未收到過的：「托你的福，我們再度交往，他回到我身邊了。」

為什麼呢？是因為我沒有告訴你們與前戀人復合的方法嗎？不是。是因為現實中，當對方提出分手，能挽回的機會是微乎其微。所以為了自己著想，應該勇敢接受離別。當對方提分手時，除了分手，真的沒有別的可以做了。

Good person

剛開始真的對我很好，
但隨著時間流逝卻變了，該怎麼辦？

分手吧。
這樣才有機會
遇見更多人。

37／最快忘記前戀人的方法

期待著復合，為離開的人費心的時間，不如用來與別人相遇。現在的苦痛會使未來的你變堅強。

「愛吧，像從未受過傷一樣去愛。

活吧，就像今天是最後一天一樣地活。」

這段話出自詩集《愛吧，像從未受過傷一樣去愛》（사랑하라 한번도 상처받지 않은 것처럼）。曾經相愛的人分手後，怎麼做才能盡快忘記離別的痛苦呢?從這段詩句中似乎可以找到答案。

我敢肯定，重逢是件瘋狂的事。離開的那個人絕對不會再回頭，就像勉為其難地復合，結果還是迎來另一次的離別。我們必須先認清這個事實，只有這樣才能克服離別的痛苦。

剛分手那段期間是最辛苦的時期。通常在分手後過了好幾個月，才會意識到「他的心裡已經沒有我了，不會再回到我的身邊了」，但是剛分手時還是會想「他應該會回來吧?會回到我身邊吧?」，帶著這樣的希望，內心焦急又惶惶不安。分手前常常記著對方的缺點，但分手後卻總是想起美好的回憶，所以才會更痛苦。

「才剛分手沒多久，要不要聯絡看看？也許他會回到我身邊。只要說我錯了應該就可以了吧？」如果現在還有這樣的想法，該做個了斷了。

對方絕對不會再回來。

要接受這個事實並不容易。

然而必須充分感受並克服，

這一瞬間心痛的最大化。

如此一來日後若再遭遇傷痛，

才能減輕一點痛苦。
現在的痛苦，
會使未來的你更堅強。

不要執著地想著「他會回來吧？我想要他回來」，而應該認清「他絕對不會回頭」，強迫自己調整心態。受到一次強烈的打擊後，隨著時間流逝，痛苦的感受會逐漸淡化。

成功克服離別傷痛的人們，第一步就是接受戀人不會回頭的事實，然後努力過自己的生活。像從未受傷過地去愛，在分手後，像沒有明天一樣竭盡全力認真生活。若是無法做到，就只能在痛苦中度日。分手後的痛苦不是因為對方，而是因為自己始終無法放下對那個人的迷戀和執著。

38／因為哭也不能改變什麼

當我關在房間裡哭泣的時候，那個人正快樂地笑著、説著、享受著。雖然很殘忍，但就算哭著説很痛苦，也不能改變什麼。

在二十歲出頭的時候，「聽說你在跟那個人交往？他真的很好看，長得真帥。很受歡迎啊！」和那樣的人交往，似乎成為提高我的價值的要素之一。

但是隨著時間流逝、年齡增長，我這個人在「什麼樣的位置」，比起我跟誰交往來得重要多了。對於自身價值的判斷，唯有用「我是什麼樣的人」來區分，不管我和誰交往，那個人是什麼樣的人都不是那麼重要。因為鞏固了自己的位置之後，周圍會聚集更多優秀的人，在與他們相處的過程中，我也會培養出認識優秀的人的眼光。在遇到更好的人之前，我們應該先成為一個好人。

希望你不要把人生中過多的比重花在現在想認識的人或正在交往的人身上。這並非是說目前交往的對象不重要，重點是不要為了愛他而孤注一擲拋棄自我。在與某人交往的同時，也要努力塑造自己的人生，這樣以後才不會有被掏空的感覺，不要讓自己後悔。

分手的時候雖然會很痛苦，但是為此一哭二鬧、沉浸在痛苦中並不能改變任何事。我想提醒的是，雖說自己是在準備好的狀態下談戀愛，但還是會發生不如意的狀況，這時千萬不要因為戀愛而拋棄自我。聰明的人在戀愛時，也會暗中積蓄自己的力量，努力生活。在這種情況下，如果像井底之蛙一樣，陷入一瞬間的熱戀氛圍中，放棄自我成長的機會，安於現狀，那麼將來可是會吃虧的。

想著和我自己談戀愛，
好好照顧自己、好好過生活，
不要只為了對方度過一天又一天。

與戀人或身邊其他人的關係固然重要，但最重要的是不要失去自我、不要動搖。在陷入眼前的感情之前，希望你再好好想一想。

第五章

在最痛苦的瞬間領悟到的事

——低潮有可能成為改變人生的契機

39／只有如此迫切，人生才會變得不同

愛會背叛，但是「努力」絕不會背叛你。

「談戀愛不能隨心所欲，總覺得好辛苦。」
「一定要合格才行，但我功課不好，該怎麼辦呢？」
「這次又沒錄取，到底什麼時候才能找到工作？」

每天最少幾十則，多的時候上百則，我會收到來自各種讀者的諮詢訊息。對於這些處於困境中的人，我會反問：「現在你的心情有多麼迫切？」希望你能想一想，有沒有一種極其迫切的心情，真的非那樣做不可，迫切得讓你可以放棄一切。當迫切想要的心境產生，從那一刻起，人生將發生驚人的變化。

沒有慾望就不會有行動，
只是每天過著安於現狀的生活。

我也有過同樣的經歷，所以比誰都更能體會。如果沒有那樣迫切地為了達到自己的目標而努力，在任何情況下，什麼都不會變好。

如果沒有那種渴望的心，只希望維持現狀就好，這樣的人生就滿足了，希望做什麼事都不必太費力，就可以賺很多錢、輕輕鬆鬆就合格錄取、隨隨便便就能享有幸福的戀情，那都是貪慾，是絕不會發生的事。只有懷著迫切的心努力，上天才會給你達到目標的能力和機會。

在我開啟了 YouTube 頻道之後，有很長一段時間都沒有得到什麼反響，為此感到很焦慮。當時心中很急切，還跑去已過世的外婆靈前，祈求老人家在天之靈「幫幫我吧」！就幫我一次。就在那時候，我決定了：「一年的時間太長，抱著必死的決心，像瘋了似地努力半年，專心經營 YouTube 頻道吧！」

雖然我早已開始經營頻道，但是從迫切下定決心的那刻起，我才感覺自己慢慢展現了能力、有了機會。以前不了解我的人開始注意到我的頻道，訂閱者也明顯增多，對影片的反應也逐漸越來越熱烈。我也開始留意到人們在關注什麼、想知道什麼。老實說在那之前，我對於該拍攝什麼內容，常常沒有頭緒。

我相信，當你真的表達出迫切時，奇蹟也會發生。無論是創業或職場生活，或許在組織中還是有些局限性，但一定能讓你的生活越來越好。

在明天的夢和昨天的後悔之間，
還有今天的機會。

40／在疲憊時帶來力量的一句話

現在什麼也沒搞砸。一個都還沒搞砸。對所有人來說人生是開放式結局，現在才開始。

心情疲累，忙得不可開交的時候，常常無法聽進別人的建言。或許你現在正處於這樣的狀態，但還是希望你記住：

不管多麼辛苦的事，
最終都會過去。

只是如果什麼都不做的話，
什麼都不會改變。

是要任憑時間流逝放棄自己的人生，還是要緊抓一分一秒讓自己進步呢？這完全取決於本人的意志和行動。但人心脆弱，一旦遇到困難，就會本能地想逃避、尋求慰藉。我也一樣，每當有什麼擔心或煩惱的事時，都會找朋友傾訴。但是在得到幾次安慰後，自己想辦法克服的意志就逐漸消失，只想再得到更多的安慰，最後什麼狀況都沒有好轉。朋友的安慰很珍貴，但更重要的是，最終能幫助我的只有自己。

如果你也是一遇到困難就先找朋友取暖的話，現在就改變吧。要克服這種習慣，可以先找出自己能做的事。不需要是什麼偉大的舉動，哪怕只是嘗試一點小小行動，也會讓情況好轉。例如，因為某人而讓自己遇到金錢上的危機，就要當機立斷不再與他往來，然後找出最快解除債務的方法。在面臨重要工作的關鍵時刻，卻因為感情問題帶來壓力時，就鄭重地與對象把話說清楚，不勉強交往也是一種方法。另外，像是父母的健康問題，雖然無法完全隨心所欲，仍可以事先做好預防及解決的準備。

遇到困難時，伴隨而來的辛苦和折磨是必須承受的壓力，但相反地，那也會讓我們成長。也許現在不會有明顯立即的成果，但隨著努力的積累，在某一瞬間，所有痛苦的事就會解決，你的憂慮和擔心也會解除。

一切都會過去，
沒有不能解決的問題。

每當我感到疲累時，我都會告訴自己「會、過、去、的」。不管一年前、二年前、三年前的事，再累再難最終都會過去。時間流經我身邊，而此時此刻我活在今天。

41／戀愛與工作，兩全其美的方法

不能一直在後悔中原地打轉。做一個捨不得錯過時間的人，做一個耀眼奪目，讓人想要留在身邊的人吧。

任何人都難免會對逝去的時間感到後悔，差別只在於多或少。三十歲之後，再回首二十歲時期，後悔的事太多了。尤其現在可以做自己想做的事，但回想站穩腳跟之前，對自己可以做什麼完全沒有頭緒，甚至也不確定自己想做什麼，久久在原地徘徊，二十多歲的日子就這樣逝去了，回想起來真是可惜、遺憾。

到了三十歲之後我才切身感受二十歲時完全沒意識到的事，其中最具代表性的就是「時間的流逝」。二十多歲時根本不覺得時間過得快，雖然早就懂得時間會流逝的道理，但一直到了三十多歲時，才真正感受到時間流過的速度，似乎每時每刻都在加快。

很多人問過我：「不做 YouTuber 的話，你會想做什麼工作呢？」「現在有什麼想做的事嗎？」我每次收到這類問題都會想「我還能做什麼？」，最終只有誠實地回答：「沒有什麼其他可做的，我只想繼續努力做現在正在做的事。」

一直到過了二十五歲之後，我仍覺得不管做什麼事應該都可以成功。但冷靜思考「如果不做 YouTuber，那我能做什麼？」這個問題，與二十多歲時相比，三十歲後的選擇不多。這並不是說三十歲才開始已經晚了、錯了，而是能夠探索、思考、體驗、經歷錯誤的時間，比二十歲時少了很多。愛情也是如此，有在二十多歲可以做的事，也有三十多歲做不到的事，雖然只有十年左右的差距，仍存在著與某人相遇、相愛的差異和局限性。

我想對現在正值二十多歲的人說：

儘量多花點時間，

找到人生中能做的事，

現在就是，
尋找方向的最佳時期。

度過這個時期，到了三十歲之後，就不太能容許你花一個月、兩個月，什麼事都不做，只為了尋找自己想做的事。

因為可能會面臨即將結婚，或是結婚後需要承擔家庭責任，那種情況下有時會不得不放棄自己的夢想，可以選擇的範圍越來越窄。也不能任性地辭掉工作，然後好幾個月無所事事，只為了思考「我現在該做什麼？以後該做什麼？」，通常到了這時候，必須在辭職後立刻找新工作，或是已經談好新工作再辭職。

三十歲之後，不會有時間讓你像二十歲的年輕人一樣思考「為了生活我能做什麼、想做什麼？」，當你切身感受到沒有時間讓你思考時，才會開始看到時間的流逝。

現在二十歲的人可能還想不到是「時間」給予我們機會，因為我也曾那樣。但是，那段「能夠對自己的人生進行深入思考，什麼都能做的時間」，是最大的祝福。

要記住，現在看起來好像沒有盡頭的二十歲時期，過了就不會再回來。如果錯過了現在，也許需要花費更多心力。所以不要放棄，要正視自己的能力，盡最大努力去思考和尋找自己「能夠做很久的事情與目標」。

Better life

比愛情更重要的，
是人生，
要先好好生活才能談戀愛。
比起對方，應該更用心愛自己，
這樣在面對感情時，
才能讓彼此更幸福。

42／如果到三十五歲還不幸，就是你活該

要記住，實現夢想的決心，比什麼都重要。

看到現在的我，很多人都認為我沒有遇過什麼太大的困難，很順利地成為YouTuber。雖然我不想刻意強調，但能擁有現在的一切，事實上並不是那麼容易的事。

我剛開始在YouTube上傳影片時，有二年半的時間，每月收入大概只有兩千韓元到兩萬韓元之間。那段期間，訂閱人數也沒有明顯上升的趨勢，當時實在是入不敷出，只好兼差以賺取生活費。

當時外出也沒錢可花，我便將聚會減到最少。每次走在路上都不敢東張西望，只看著地上走路，不是挺著腰，而是低著頭走，幸運的話也許會撿到錢。這些聽起來像謊言，卻是不爭的事實。明知撿到錢的機會不大，還是抱著一絲希望，連地上的傳單都翻過來查看。

實在是太辛苦了，所以中途一度放棄經營YouTube，進入一般公司成為上班族，但在公司上班的時候，腦海裡卻一直縈繞著「我不想放棄，不想就這樣拋下我的夢想」，於是抱著必死的決心，再次重新開始，就這樣持續到現在。

「如果三十五歲還窮，是你活該！」

我很認同馬雲說的這句話。老實說，如果這句話除了「窮」，再加上「不幸」，應該會得到更多認同。

就算可能會窮，
但到了三十五歲，人生還是不幸的，
那就是你自己的錯。

也許有人會認為「馬雲是大富翁，所以才能說出那種話」，但他從一開始就是富翁嗎？

誰都多少為了錢而有過艱難的時期，恐怕沒有人不曾因經濟問題陷入困境。在責怪父母和大環境之前，先想想那些白手起家的人吧。他們一定都是帶著懇切急迫的心情努力實現夢想的。

沒有人總是成功，也沒有人會永遠失敗。白手起家的人和現在的我不同之處只有「心境」。明天不需要過得和不幸的現在一樣，不管是三十五歲之前還是之後，都希望你一直幸福。

43／別人都吃好睡飽，為什麼只有我辛苦

青春不會永遠持續下去，經濟收入也將逐漸減少。如果希望老年生活能穩定、舒適，這點很重要，不如從今天就開始，思考對未來的打算？

有時我會有這樣的想法：「就只有我沒錢嗎？為什麼大家花錢花得那麼開心？」

與二十多歲的人相比，在我身邊三十多歲的人大多生活在安定而富足的環境中，而且比四十多歲的人開更好的汽車、住在更寬敞的房子裡，經常去海外旅行。很多人會問：「為什麼只有我住在這麼窄小的房子裡，過得這麼辛苦呢？」我想了想，那些安定富足的人真的都很有錢嗎？不，他們開的好車還在分期付款，有些甚至是租來的，寬敞的房子也不是自己的。所以那樣的人只是表面看起來富足，令人羨慕。

不過可以維持那種生活，是因為具有償還能力。簡單地說，三十多歲是具有充分能力賺取金錢，支付生活各種享受的時期。但過了這個時期之後，還能繼續過同樣的生活嗎？可以想做什麼就做什麼、想買什麼就買什麼，像沒有明天一樣地過，這樣的生活還可以過多久呢？

隨著年齡的增長，收入只會減少，年輕時可以這樣揮霍，日後生活恐怕就沒那麼輕鬆了，經濟觀也會變得消極保守。

人生中最富足的時期可能是三十多歲吧，這也是最重要的時期。人們常說「人生三十才開始」，我本來以為這句話的意思是指到了三十歲，「累積足夠經驗，體力正值顛峰，什麼都可以嘗試」，但並非如此，真正的含意應該是在三十到四十歲這個時期，會根據你懷有多麼懇切的心拚命工作，積攢下來的財富，來決定五十歲以後可以過什麼樣的生活。

最近我深切地感受到，「現在」的重要性，不在於是否正住在好房子裡、正開著好車，而是將來老年生活能否過得安穩、舒適，「現在」的努力很重要。

六十歲以後光憑著精神富足，也很難過生活，因為現實的艱難，會連心靈也變得貧窮匱乏。從現下流行的「四五退」（四十五歲就提早退休）、「五六盜」（到了五十六歲還留在職場中工作），這些流行語來看，是不是意味過了某個年紀後，要找到安穩的工作很難呢？不管怎麼說，年輕的時候，只要有能力做自己想做的事就去做。或許有些條件限制，但還是會找到願意提供機會的地方。

相反地，隨著年齡增長，即使想工作，被拒絕的機會只會越來越多。與年輕人相比，職業上的限制更大。因此，如果年輕時沒及早做好養老準備，生活就會拮据，消費的幅度也會變小。

能夠及早做好養老準備最好，否則很多人到了晚年，家庭環境每況愈下，為了維持生計只能換小房子，或是店面因生意不好只得收起來，資產不增反減。

如果現在不開始準備的話，

到了六十多歲的時候，
不僅在經濟上，心靈上也很難成為富翁。

理論上來說，六十歲的人理當比三十歲時積累更多的資產，但在現實生活中，若經歷過幾次經濟危機，就不會有那樣的心態。如果現在工作不順利，正承受著壓力，或是看到其他同齡朋友發展得很好，也不必過於羨慕。人生還沒有結束，既然來到這個世上，直到呼吸停止那天，在經濟上都要做好應對準備。這就是人生的真實戰場，直到最後，在生活和心靈上都富足的人才是真正的贏家。

不要給自己太多壓力，也不要因為現下的成功就志得意滿。「不管未來會怎麼樣，今後二十年都要繼續努力奮鬥」，要帶著這樣的信念，以堅定的決心好好度過每一天。

Grow up

只要不放棄，
把今天的每一刻連接起來，
會塑造未來的我。

不管走得多慢，
都不是問題。

時機到了就起跑吧，
走過的路都是你的成長。

44／從困苦中脫身的唯一方法

就算今天很努力，明天也不會馬上成為富翁。儘管如此，持續五年、十年後，沒有道理不會成為富翁。需要的是決心和實踐力。

「貧窮會代代相傳嗎？如果父母窮，子女就只能繼續窮下去嗎？」

剛開始讀者來找我諮詢的主要都是感情關係的問題，不過近來有越來越多人會向我訴說經濟方面的苦惱。對於那些詢問先天環境能不能克服的人，我有話想對他們說。

他們認為貧窮會代代相傳，自己別無選擇，原本就生長在貧窮的環境中，又怎麼能改變呢？

但這並不代表你必須屈就現實，放棄進步發展。或許出身貧窮是無法選擇的，但希望你記住，你可以選擇是否要繼承貧窮。出生於貧窮環境中的你，有三種方向可以選擇。

一種是跟隨命運安排，生活在貧窮的環境中；一種是改變自己；一種是雖然家裡沒有留下財富，但至少可以自己建立生活的基礎。大部分的人都是在以上三個方向中選擇，並根據選擇來決定以後的人生。如果現在正面臨經濟困境，那麼首先要做的是「思想重置」。

出生在不富裕的環境裡，成長過程中要看別人臉色，有苦說不出只能往肚裡吞，自尊心也經常受到傷害。但正因如此，才會明白貧窮的生活有多艱難。在如此艱困的環境成長，十年、十五年過去都一樣，自然會有「貧窮是擺脫不了的」這樣的想法。如此一來，人就會變得自暴自棄，認為「無論怎麼努力都無法改變現狀」，就放任自己留在原地踏步了。

比貧窮更可怕的是貧窮的心態。想要改變貧窮的心態，就要從想法開始改變。

「什麼都不管，
我要脫離這裡。
我會從貧窮中掙脫，

我一定要挺過這個地獄。」

你必須要有這樣的覺悟。要想改變，首要條件是直接面對現實，重拾因痛苦而自我放棄的心，才能看到不同的東西。也許要打破窠臼很難，但當你打破之後，視野變廣，才會發現自己之前像井底之蛙一樣，完全看不到其他可能性。

改變的最大契機是對自己的絕望感。覺得要看人眼色的我很卑微、什麼都做不了的我很沒用、只會埋怨身世的我很不像話……當你深切地對什麼都不做的自己感到失望的瞬間，改變就開始了。生來貧窮不是你的錯，但到死還窮就是你的責任。雖然今天努力了，明天也不會馬上成為富翁，但只要繼續下去，五年、十年後，沒有道理不會成為富翁。

Do not be afraid

絕對不要因為恐懼，
而與現實妥協。

人生在世，
世事不會盡如我意。

所以哪怕是很瑣碎的事情，
只要想為珍視的人做點什麼，
不要拖延，做就對了。

45／人際關係也需要簡化

傷痛總是最親近的人給予的，反覆地期待對方只會造成疲憊，最終痛苦的只有自己。

「極簡主義」一詞曾一度造成流行。意思是為了珍貴的日常生活，減少不必要的東西。我覺得人際關係也需要整理。

若想改變人生藍圖，必須從周圍的人開始改變。因為身邊圍繞著什麼樣的人，也會對生活造成不一樣的影響。在學生時期還不太明白，但進入社會、職場之後，遇到各種不同的人，與他們交手過後，才深刻感受到周圍的人對我們的影響力。

只有遇到能幫助我成長的人，才能相互產生好的影響，彼此都能向前邁進，實現幸福的生活。尤其與我們親近的人就像一面鏡子，會反照出我們的面貌。根據我們身邊往來的人，可以反映我們現在是否走在正道上、行事是否正確。

如果因為身邊的人影響，導致我行為偏差，過了很久之後才醒悟，通常已是無法挽回。或是不論周圍的人怎麼樣，自己獨善其身就好的想法也不盡然是對的。有能帶來良好影響力的人在一旁，隨時提出適當的建議，才能讓我們的生活朝更好的方向前進。

不管能力再強，如果身邊親近的人只會做出毫無助益的行為，或是帶來壓力、造成妨礙，那什麼事都不會順利。

想要改變人生的藍圖，
先看看周圍的人吧。
會帶來不好影響的人，
要果決地斬斷關係。

整理人際關係不是件容易的事情，但無論如何，不要忘記結果都是要自己負責的，不管再苦再難，都不能當作逃避的藉口。

自己有想達成的目標，卻有人在一旁妨礙的話，就要學會整理關係。若不想和對方完全斷絕緣分，那也是你自己的選擇，只是要記得，一旦做了選擇，不管隨之而來的是風是雨都是無法迴避的。

46／父母的時間，不會等你懂事了才流走

時間就像手中流失的沙子一樣，瞬間就消失。就算後悔，也無法挽回。父母的時間，不會等我懂事了才流走。

樹欲靜而風不止，子欲養而親不待。父母總是在我們身邊，是不是很容易就忽略了他們的珍貴，對他們漠不關心呢？也有人雖然想好好對待父母，但實際行動起來卻感到莫名彆扭，結果還是選擇冷漠以待。

最近我媽媽住的房子重新裝修。那是間老舊的房子，到處都有破損、故障，日常生活變得很不方便，於是決定整修一番。意外的是這次裝修，竟成了讓我們母子關係更牢固的契機。因為拆除浴室所以無法洗漱，廚房開始動工之後，也不能下廚，所以那陣子我經常陪母親去澡堂，或是一同外出吃飯。

某天，我們去一間複合式餐廳，有火鍋，還有各式料理，我這才發現媽媽沒吃過的料理太多了。火鍋、越南春捲、意大利麵，雖然不是什麼豪華餐點，但有很多都是她第一次吃。一旁的我心裡很訝異，突然有了這種想法：

「對媽媽不要吝嗇，
想為她做的事，
不要猶豫，立刻就做。」

以前總是想：「要趕快賺錢，進入更好的公司工作，等升到一定職位之後，要好好孝順父母。買新房子、買車、送父母去旅行。」現在正在讀這本書的讀者應該也有同感吧。

雖然活的時間不長，經歷不多，但人生至此，真的深深感覺很多事並不會如我所願。不管想賺五百萬、一千萬、還是一億，都不是想像中那麼容易的事。我們能做的，是無論多麼微小的事，只要是為了珍視的人，就不要拖延，立刻去做。

比起薪資上漲的速度、比起房價上漲的速度，父母的年齡永遠增加得更快。盡孝不是錢的問題，而是在於有沒有心和時間。我們懂事成熟的速度趕不上父母衰老的速度，所以只要現在做得到，哪怕只是一點微小的關懷也不要遲疑，父母的時間不等人。

47／羨慕別人，只是你的大腦正陷入錯覺

從手機上看見的世界裡，一定有人的能力比我好，過著我想要的生活。在羨慕別人之前，仔細看看，羨慕對我有什麼意義。

「我為什麼這麼不幸？」在社群網站上，尤其是像Instagram那種充滿照片的社群，別人看起來好像總是過得幸福又開心。「為什麼只有我這麼不幸？」「人家都去好玩的地方旅行、吃好吃的東西，為什麼只有我過得這麼無趣？」當有這些想法時，不幸的感覺就會越來越明顯，甚至覺得自己的人生出了問題。

不過偶然讀過一本書之後，我的想法發生了很大的變化。書名為《生活的藝術》（*Die Kunst des guten Lebens*），書中提到，每次看別人社群網站裡的內容都會覺得自己不幸，是「大腦錯覺現象」造成的。

本書的作者、歐洲最受矚目的知識分子魯爾夫·杜伯里（Rolf Dobelli）主張每個人都有兩個自我，一個是體驗此時此刻的「經驗自我」，一個是評價整理這些經驗的「記憶自我」。其中具有壓倒性影響力的是記憶自我。記憶自我會帶動大腦出現錯覺。大腦對值得記憶的事會給予高評價、高價值，相對地，反覆的日常就顯得不是那麼重要。每天在相似的餐廳吃相似的午餐，今天和昨天沒有什麼兩樣，所以今天不是值得記憶的事，很容易從腦海中抹去。

社群網站的效果將這種大腦錯覺發揮到極致。別人上傳到社群網站上的照片都是經過挑選，換句話說就是具有亮點的照片，所以看了會讓人覺得好棒、好羨慕，憧憬手機裡別人的生活，覺得自己很寒酸。

希望你別再被他人社群網站裡呈現的形象欺騙。當你看了覺得羨慕又憧憬時，記得提醒自己，你的大腦正陷入錯覺中。

這世上絕對沒有，
每天都像在開派對，
過得像聖誕節一樣的人生。

沒有人可以，
一輩子住在只有陽光照耀，
總是看得到蔚藍大海的地方。

希望你不要因為羨慕別人表現出來的生活，而錯過自己身邊應該珍視的東西。不要執著於不知何時會出現的人生亮點，你應該抓住的是人生中占百分之九十的日常幸福。生活中短暫的挫折，在你的人生中只占不到百分之十而已，沒有必要因此讓餘生變得不幸。

48／只要不停下腳步，慢慢走也沒關係

稍微走慢一點也沒關係，即使做得不好也沒關係，只要一步一步往前走就行。

「你無法預先把點點滴滴串連起來；只有在未來回顧時，才會明白那些點點滴滴是如何串在一起的。所以你得相信，眼前經歷的種種，將來多少會連結在一起。人生會因此變得完全不同。」

這是賈伯斯（Steve Jobs）在史丹佛大學演講時說的話。我很久之前看過這場演講的影片，至今仍印象深刻，尤其是「把點點滴滴串連起來」（connecting the dots）背後隱含的意義。現在的一切經歷和行動，點點滴滴瑣碎的事，對未來的我都是有意義的。真的是如此。

如果有人現在出現在眼前，對你說：「用一年的時間按照我的指示去做，我會讓你成功。但是在那一年裡，你不能戀愛、不能上網或使用手機，這樣你要試試看嗎？」

你會爽快答應嗎？這個世界上沒有不想成功、沒有不想成為富翁的人，但我想很多人不會答應這樣的提議。也許有人滿足於現狀，或是沒想過要達到崇高的目標，最重要的，我想應該是未曾真切地想過「成功」本身的意義。我並不是說應該接受那樣的提案，而是必須對成功有迫切的渴望，才會為了如願以償而做出犧牲。不要盲目地追求成功，而是要有具體的、屬於自己的想法和計畫。成功就像禮物，但只會送給邁開腳步「開始」的人。如果什麼都不試，就什麼也改變不了。唯有帶著決心和努力拚搏到底，成功才指日可待。

當撰寫《魔戒》（*The Lord of the Rings*）的J・R・R・托爾金（John Ronald Reuel Tolkien）因接連的惡評陷入自我懷疑的時候，身為他摯友兼同事的C・S・路易斯（Clive Staples Lewis）只用一句話鼓勵他：「雖然有悲傷，也有黑暗，但期間所做的事情都不是空白的。」

若你對某項工作非常努力，三年五載馬不停蹄地努力，卻看不到未來，心生茫然的話，希望你不要太擔心。

現在做的所有一切，
沒有什麼是微不足道的，
今天的經驗會是堅實的基礎，
總有一天，展翅飛翔的瞬間一定會到來。

只要不放棄，那些努力的瞬間會連綿不斷連接起來，塑造未來的你。
走得慢不是問題，等時機到了就邁開步伐，盡可能地奔跑，你走過的每一條路都是珍貴的成長歷程。

Everything will be fine

用我的意志可以事前防止、解決的事，
最好提前處理好。

雖然壓力、疲憊和痛苦，
總是在困難時找上門來，
卻也能讓我成長。

每當我累的時候，
就會想起四個字，
「會、過、去、的」。

一年前的辛苦，
二、三年前的辛苦，
最終都將過去。

心視野 心視野系列 095

你的深情是因為你很好，不是他很好

사랑한다고 상처를 허락하지 말 것

作　　　者　金月（김달）
譯　　　者　馮燕珠
封面設計　鄭婷之
內文排版　theBAND・變設計— Ada
責任編輯　陳如翎
行銷企劃　陳豫萱
出版二部總編輯　林俊安

出　版　者　采實文化事業股份有限公司
業務發行　張世明・林踏欣・林坤蓉・王貞玉
國際版權　王俐雯・林冠妤
印務採購　曾玉霞
會計行政　王雅蕙・李韶婉・簡佩鈺
法律顧問　第一國際法律事務所　余淑杏律師
電子信箱　acme@acmebook.com.tw
采實官網　www.acmebook.com.tw
采實臉書　www.facebook.com/acmebook01

ISBN　978-986-507-721-1
定　　價　360 元
初版一刷　2022 年 3 月
劃撥帳號　50148859
劃撥戶名　采實文化事業股份有限公司
104 台北市中山區南京東路二段 95 號 9 樓
電話：(02)2511-9798　傳真：(02)2571-3298

國家圖書館出版品預行編目 (CIP) 資料

你的深情是因為你很好 , 不是他很好 / 金月著 ; 馮燕珠譯 .
-- 初版 . – 台北市 : 采實文化事業股份有限公司 , 2022.03
256 面 ; 14.8*21 公分 . -- (心視野系列 ; 95)
譯自 : 사랑한다고 상처를 허락하지 말 것
ISBN 978-986-507-721-1(平裝)

1.CST: 兩性關係 2.CST: 戀愛心理學 3.CST: 自我實現

544.7　111000410

廣	告	回	信
台北郵局登記證			
台北廣字第03720號			
免	貼	郵	票

采實文化 采實文化事業有限公司

104台北市中山區南京東路二段95號9樓

采實文化讀者服務部　收

讀者服務專線：02-2511-9798

你的深情
是因為你很好
不是他很好

사랑한다고 상처를 허락하지 말 것:
나를 잃지 않고 관계를 단단하게 지켜 나가기 위해

金月 김달——著
馮燕珠——譯

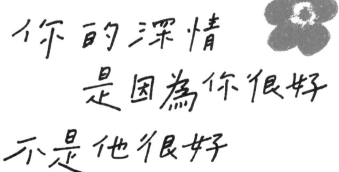

心視野系列 專用回函

HEART
心|視野

你的深情是因為你很好，不是他很好

讀者資料（本資料只供出版社內部建檔及寄送必要書訊使用）：

1.姓名：
2.性別：☐男 ☐女
3.出生年月日：民國　　年　　月　　日（年齡：　　歲）
4.教育程度：☐大學以上 ☐大學 ☐專科 ☐高中（職） ☐國中 ☐國小以下（含國小）
5.聯絡地址：
6.聯絡電話：
7.電子郵件信箱：
8.是否願意收到出版物相關資料：☐願意 ☐不願意

購書資訊：

1.您在哪裡購買本書？☐金石堂（含金石堂網路書店） ☐誠品 ☐何嘉仁 ☐博客來 ☐墊腳石 ☐其他：＿＿＿＿＿＿＿＿（請寫書店名稱）
2.購買本書日期是？＿＿＿年＿＿＿月＿＿＿日
3.您從哪裡得到這本書的相關訊息？☐報紙廣告 ☐雜誌 ☐電視 ☐廣播 ☐親朋好友告知 ☐逛書店看到 ☐別人送的 ☐網路上看到
4.什麼原因讓你購買本書？☐對主題感興趣 ☐被書名吸引才買的 ☐封面吸引人 ☐對書籍簡介有共鳴 ☐其他：＿＿＿＿＿＿＿＿（請寫原因）
5.看過書以後，您覺得本書的內容：☐很好 ☐普通 ☐差強人意 ☐應再加強 ☐不夠充實 ☐很差 ☐令人失望
6.對這本書的整體包裝設計，您覺得：☐都很好 ☐封面吸引人，但內頁編排有待加強 ☐封面不夠吸引人，內頁編排很棒 ☐封面和內頁編排都有待加強 ☐封面和內頁編排都很差

寫下您對本書或【心視野】書系的建議：

1.您最喜歡本書中的哪一個單元？原因是？

2.對「兩性關係」或「自我實現」等相關主題，你還想知道的有哪些？

3.未來，您還希望我們出版哪一方面的書籍？